兴全基金
AEGON-INDUSTRIAL FUND

利润与目标

社会创新如何永久地改变商业模式

凯尔·韦斯塔韦◎著
罗坚◎译

上海财经大学出版社 WILEY

图书在版编目(CIP)数据

利润与目标:社会创新如何永久地改变商业模式/(美)凯尔·韦斯塔韦(Kyle Westaway)著;罗坚译.—上海:上海财经大学出版社,2018.12

书名原文:Profit & Purpose—How Social Innovation is Transforming Business for Good

ISBN 978-7-5642-3163-7/F·3163

Ⅰ.①利… Ⅱ.①凯… ②罗… Ⅲ.①企业管理-商业模式-研究 Ⅳ.①F272

中国版本图书馆 CIP 数据核字(2018)第 268193 号

□责任编辑 柳萍萍
□封面设计 杨雪婷

利润与目标

——社会创新如何永久地改变商业模式

凯尔·韦斯塔韦(Kyle Westaway) 著

罗 坚 译

上海财经大学出版社出版发行

(上海市中山北一路 369 号 邮编 200083)

网 址:http://www.sufep.com

电子邮箱:webmaster @ sufep.com

全国新华书店经销

上海华业装璜印刷厂印刷装订

2018 年 12 月第 1 版 2018 年 12 月第 1 次印刷

787mm×1092mm 1/16 11.25 印张(插页:2) 156 千字

印数:0 001—3 000 定价:49.00 元

图字:09-2018-758 号

Profit & Purpose

How Social Innovation is Transforming Business for Good

Kyle Westaway

致 谢

没人能在虚无中创作，我们的行为都是周围环境影响的产物。我深深地感激身边的亲朋好友，没有他们，就没有本书的诞生。

父亲母亲，我从未怀疑过你们对我的爱。你们给予了我追求梦想的自由与胆识。但同时你们也通过清洗地板、修剪草坪等家务劳动培养了我强烈的职业精神。正是这种职业精神使我的梦想最终得以实现。凯瑟琳(Katharine)，你在生活中秉持毫不妥协的正义感并以此来要求我。克里斯滕(Kristen)和大卫(David)，你们在我没有按照传统方式创作时，依旧对我作品无条件地支持与关注。卡罗琳(Karoline)，你教会了我保持细节准确的重要性，你让我变得更好。

我的好朋友们：肖恩(Sean)、布莱尔(Blair)、马利克(Malik)、史蒂夫(Stef)、菲尔(Phil)、里奇(Rich)，你们的友谊和支持让我坚持完成创作，你们的反馈进一步印证了本书的观点。

我坚信学习公益创业的最佳途径就是践行它。我要感谢杰斯(Jess)、安东尼(Anthony)、肖恩、安妮(Annie)、帕文(P'Wen)和传记团队的其他成员。在与你们共事的过程中，我学到了很多，也成长了很多。我的客户们，你们激励着我、鼓舞着我，你们教给我的，远比你们想象的要多。每天醒来我都深感幸运，因为能够为世界上最有智慧的一群人创造一个更美好的世界而提供助力。你们的教诲贯彻这本书始终。

苏珊娜(Suzanne)，感谢你对我的信任并教会我如何教学。迪恩·米诺(Dean Minow)和迪恩·克莱普尔(Dean Claypoole),感谢你们在 HLS 的社会创业运动期间提供的支持。我的学生们让我对这项运动的未来充满信心。

感谢我在内罗毕的朋友们:约翰(John)、阿兰(Alan)、普赖娜(Prina)、沙琳(Charlene)、克里希(Chrissie)、帕特里夏(Patricia)、海蒂(Heidi)、马特(Matt)、格兰特(Grant)、亚当(Adam)、艾玛(Emma)、威尔(Will)、劳拉(Laura)、沙姆(Sham)、特里斯坦(Tristan)和无数其他的朋友们。你们让我在离乡万里的内罗毕有了家的感觉。阿特咖啡馆(Artcaffe)的店员们,感谢你们能够允许我在打字时就着一杯咖啡坐上几个小时。阿尔维斯(Elvis),感谢你在每周三的夜晚能允许我走进孟菲斯古城。

我还要感谢布兰登(Brendon),你创造了这个品牌;艾米丽(Emily),你不知疲倦的工作最终将我的想法整理成可读的文本;纳迪亚(Nadia),感谢你在世界各地照顾我的生活;感谢艾萨克(Isaac)和他的团队的辛勤翻译;感谢约翰·威立国际出版公司所有认为这本书需要被撰写的职员们。

感谢山顶系列会议(Summit Series)和促进会议(Catalyst)的朋友们,特别是我的首席前瞻性官北极星(North Star),你教会了我要从全局进行策划。我在 TGC 的朋友们,特别是乔恩(Jon)和迈克尔(Michael),你们始终激励着我去学习处于更新中的一切。这一切过程都非常美妙。

引　言

在曼谷臭名昭著的娜娜红灯区一间偏僻的二楼房间里，日光灯正嗡嗡作响。我和几个朋友围着一个折叠桌而坐。尽管大家的塑料椅相隔不到 4 英尺，但房间里众人却有着截然不同的人生境遇。

我的朋友肖恩和我在桌子的这一边。我们是来自纽约的职场新人，成长于典型的中产阶级家庭，生活在美国郊区。每天晚上，父母会和我们一起共进晚餐，确保我们为取得成功做好必要的准备。我们都能够进入名牌大学并追寻我们心仪的职业生涯。

四个泰国女性坐在桌子的另一边。她们在极端贫困的泰国西北部长大，只接受过很少的教育。她们的父母往往没有足够的能力来喂饱全家。在接受了一两年的教育后，她们或被强迫或被欺骗到曼谷打工以养活家人。

一到达首都，她们就发现自己的工作地点并非离家时所被承诺的商店或餐馆，而是曼谷红灯区的酒吧和妓院。意识到自己的命运后，她们惊恐万分。她们被妓院老板制定的严酷规则压榨，在晚上遭受性侵，忍受社会的歧视，被虐待成性的男友殴打。她们的家庭则拒绝再接受她们。从任何角度来看，这些女人都是受害者。

但她们并不这样认为，她们称自己为幸存者。

她们个性十足，当她们笑的时候，眼睛闪烁着光芒。尽管存在语言障碍，她们还是喜欢互相逗乐。当告诉我们她们的故事时，她们对未来依然充满希望。她们是我见过的最坚韧、最顽强的女性。当逃离酒吧和妓院时，她们决心过好人生的每一天。这正是她们与我们见面的原因。

她们并不想从我们这里得到很多。她们当然不想要我们的怜悯，也不希望我们感到内疚。她们甚至不想要金钱，她们想要的是机会，想拥有谋生的技能。她们想要得到尊重。她们最想要一份可以养活自己和孩子并提供更好的未来的工作。

这也是我们的目标。我们到曼谷发起我们的时尚品牌"传记"。这个项目可以给这些女人提供工作训练，这样他们在逃离酒吧和妓院后，可以凭借学到的技能开始新的生活。

我们的会面发生在 4 年前，那时我们的反性贩运非营利组织"盲人计划"正逐步开始运作，并正从当地的同类组织中汲取经验。我的三个朋友莱姆(Liem)、安东尼(Anthony)和查德(Chad)创建了"盲人计划"。在他们初次东南亚之行后，便邀请我加入了他们。

随着"盲人计划"在东南亚逐步开展，我们掌握了当地性贩运的第一手资料，目睹了当地女性为此受到残害。我们接触逃离性贩运的女性和儿童，研究预防项目，甚至暗访了当地妓院，秘密拍摄了年轻女孩被贩卖的影像。

在东南亚，我们不断地遇见脱离性贩运网络的女性。她们有的主动逃离，有的则是被救助。但她们接下来的生活却异常艰辛。由于无法养活她们的家庭，很多人甚至重新落入性贩运网络的魔掌。

这种情况令我们心碎，也引起了我们的思考。

我们过去根据观察和走访，为那些致力于帮助当地女性的非营利组织募集资金。但这些组织往往只关注这些女性的短期需求。这些不可持续的救助不能为这些女性的生活带来长期变化。我们很清楚这些女性并不需要施舍，她们不想依靠他人的慷慨过活，她们想要做生活的主人，想让自己和家人过上有尊严的生活。

性交易问题错综复杂，光靠几个人、几个组织无法彻底解决这一问题。但我想我们可以从这些女性做起。我们可以找到一个让她们将来过得更好的方法。

我们的方法是创立“传记”，一个以公益为目的的高档时尚品牌，并雇用性贩运的幸存者为“传记”工作。商业模式很简单：我们团队的专业设计师在纽约设计高端首饰和衣服，幸存者们在曼谷的工厂里生产这些产品，之后我们销售这些产品并把收益全部用于对抗性交易。运用商业的方法来改善大众的福祉，这就是公益创业的力量。

当我们创立“传记”时，只专注于解决这一问题。我们想利用市场经济，通过为这些女性创造工作机会，来解决她们面临的困境。

我们当时并没有想过打破营利与非营利组织之间的传统界限。我们想制造受消费者喜爱的商品，这样我们能有很好的利润。从这个角度看，我们是营利组织。但整个组织的最终目标是让这些女性能够掌握自己的命运，所以我们又执行着非营利组织的职能。我们为什么非得成为其中之一？我们认为还有第三种兼顾利润与公益的方法。

我们不久了解到“传记”只是众多从事社会公益创业的企业中的一分子。他们在追求利润的同时致力于公益目的。这项全球性的运动覆盖了从像“传记”这样的微型创业公司到一些世界上最大的企业。

这个运动的名字叫“公益创业”。公益创业指利用创新的商业模式来创造积极的社会和环境影响。它结合了甘地的心灵与福特的思想。在本书中，我们会交叉使用社会创新、社会创业和公益创业，它们都是同一概念的不同表述。

当我第一次听到“公益创业”这个词条时，我感到欣喜若狂，因为以下一些原因。首先，我喜欢它运用商业方式带来社会变革的想法。当得知世界上并非只有我们在思考如何将商业运用于公益时，我们更加确信走在正确的路上。我们对此坚信不疑，并为能成为这场前途远大的运动的一部分感到振奋。我立刻沉浸其中，并开始阅读我手头能够收集到的关于它的一切材料。

在我们创立“传记”的同时，我成立了韦斯塔韦律师事务所，用于为公益创业提供咨询服务。此外，我还作为讲师，在哈佛法学院与他人合作教授公益创业课程。通过我在"传记"的创业经历，在韦斯塔韦律师事务所提供咨询的经历(有些经历本书中会有引述)，以及在哈佛法学院的授课经历，我学到了公益创业中各种易犯错误和最佳实践。

不幸的是，"传记"并没有达到我们当初预想的规模。为了维持当地的生产，我们最后把项目移交给了当地的合作伙伴。我们的失败让我认识到了社会公益创业中的种种独有的挑战。很多时候，失败是最好的老师。

在公益创业中的一切经历让我有了如下疑问：

创立一个成功的社会公益企业的关键是什么?

本书就是问题的答案。书中既有我个人作为一个社会公益企业创业者和多年社会创业咨询师的经历，也有对社会公益创业进行的广泛探究。这其中包括对一些最成功的社会公益创业者的深入采访，包括世界水资源慈善基金会(Charity: Water)的创立者哈里森(Harrison)，教师集资网站"捐赠者之选"(Best of DonorsChoose)的创立者查尔斯·贝斯特(Charles Best)，网络商店平台 Etsy 的创立者马特·斯丁奇科姆(Matt Stinchcomb)和眼镜商店沃比·派克(Warby Parker)的创立者尼尔·布卢门撒尔(Neil Blumenthal)。我坚信创新商业模式与社会公益目标相结合，将在应对当前最艰巨的社会问题上发挥强大作用。的确，公益创业将是我们所拥有的最好机会。

一些怀疑者对同时追求营利和公益的可行性提出了质疑。商业企业只追求利润，只有非营利组织才能为公益而奔走，这似乎是颠扑不破的真理。商业公司受利润最大化的驱使，除了一些慈善捐赠或企业社会责任项目，它们并不会对社会公益或环境保护多加考虑。同样，一个非营利机构如果有了营利的动力，便会偏离最初社会公益的目标。如果你想赚钱，就投身商业社会。如果你想让世界变得更好，那你就投身非营利领域。或许传统的智慧就是如此。

经营一个商业企业会让人变成一个只知道赚钱、不顾其他的贪婪机器；同样，如果你想致力于社会公益，你就得接受贫穷的生活。因为通过让世界变得更好,你的精神已得到了补偿。是时候抛弃这些简单的想法了。

这种非此即彼的思想已经过时了,但有些人却牢牢地紧抓着这些老旧的思想,就如同 15 世纪的欧洲人坚持世界是平的那样。

这并不是说创立一个同时致力于营利和公益的企业是一件简单的事。在利润与公益间保持平衡是一个艰巨的目标。随着我对公益创业的研究,我一直试图寻找能够成功融合利润与公益的关键。在那些成功的社会公益企业中,我一再发现它们的创立者在实现这个目标时都有着一系列相似的价值观与方法。这就是本书所要讨论的:建立一个同时追求利润与公益的成功企业。

这些组织背后的创新者们并没有受这些关于商业与公益的传统想法的束缚。对他们的企业的评价标准并不是它们的税务状况,而是他们造成的社会影响。我坚信社会公益创业是对付那些最糟糕的社会痼疾的最佳方法,它展现了一条充满希望的道路。它摒弃了传统的市场资本主义、社会慈善与政府救助各自为政的限制。

超越股东价值

总体而言,资本主义在世界上发挥着积极作用。从历史角度看,随着市场经济的扩张,人们的生活水平随之提高。但是,增长正逐步减缓,增长带来的副作用也逐渐显现。

1976 年,经济学家迈克尔·詹森(Michael Jensen)和威廉·麦克林(William Meckling)发表了“企业理论:经理行为、代理成本与所有权结构”。在文章中,他们指出公司的经营者会利用公司实现个人利益而非股东利益。这个理论在学院和商业领袖中广受追捧。直到今天,这也是引用最多的学术文章。这篇文章促使职业经理人专注于为股东提供最大的经济回报,即股东权益最大化。

1981 年 8 月 12 日,在纽约奢华的皮埃尔大酒店(Pierre Hotel),时任通用电气首席执行官的杰克·韦尔奇(Jack Welch)走上讲台,发表了他

"在增长缓慢的经济形势下快速成长"的演说。在演说中,他提出经营公司的目的是要为股东创造最大的收益,实现股东价值最大化。董事会、管理人员、律师和学者们不约而同地支持他的观点。实现股东价值最大化的观点长盛不衰,俨然已成为管理者的一项法律责任。而事实上,这种观点毫无法律依据。林恩·斯托特(Lynn Stout)在她开创性的著作《股东价值之谜》(*The Shareholder Value Myth*)一书中对此进行了切中要害的论述。但由于大量公司决策者和律师将股东价值最大化奉为圭臬,它似乎已成为现实中的真理。

在股东价值最大化模式下,企业经营只由股价这一单一因素来评判。这使管理层专注于创造利润继而提振股票价格,最终导致一系列只注重短期收益的决策。世代投资管理合伙公司(Generation Investment Management)的大卫·布拉德(David Blood)和阿尔·戈尔(Al Gore)称此为短期主义(short-termism)。这种狭隘而短视的思想有众多负面影响。

为了让季度报表显示业绩增长,企业管理人会出售有价值的资产,推迟固定资产投资并削减研发费用,在这种过程中会消耗资源、减缓创新。他们也采用各种会计粉饰甚至做假账来完成季度销售目标。很多企业由于举债经营而陷于财政崩溃的境地,大量的公司丑闻由此而生。此外,企业狙击手们会瞄准那些股价被低估的公司,收购它们继而将它们肢解出售。这种行为令少数人暴富,但却让社会承担了大量失业的代价。

很明显,股东价值最大化理论经常会令公司的短期业绩增长,却透支了公司更大的长期潜在价值。这种单纯为短期利益的行为导致了巨大的社会代价和环境代价。英国石油公司在墨西哥湾的原油泄漏、血汗工厂、安然的大规模造假乃至2008年的金融危机都与此有关。金融危机之后,甚至连杰克·韦尔奇都承认他多年前在皮埃尔大酒店可能说错了。他强调"从表面上看,股东价值是世界上最愚蠢的想法。"

资本主义世界关于股东价值最大化的观点所导致的短视决策已经产生了很多社会、环境和经济问题。

超越施舍

慈善活动的历史可追溯至苏格拉底的时代。但直到美国内战之后，暴涨的财富和各种社会问题促使现代意义上的基金会的诞生。镀金时代曾通过剥削、内幕交易、威逼利诱攫取了巨额财产的大亨们摇身一变，成为当时最大的慈善家。他们试图通过捐助建造图书馆、学校和音乐厅来弥补自己曾经犯下的勾当。富有的西方世界政府也做了同样的事。

西方世界在对发展中国家的殖民和开发过程中掠夺了大量自然资源。这种行为如今被辩解为传播文明。当殖民者们看到他们的剥削对落后国家造成的灾难性后果时，援助项目应运而生。除了减少负罪感，这些援助项目也为了在相继独立的发展中国家施加政治影响。它们被称为"慈善产业综合体"。

纽约大学研究援助课题的经济学教授威廉姆·伊斯特利(William Easterly)在计算了世界银行的数据后发现，要让一个发展中国家的平民收入每年增加 3.65 美元，要花费援助者3 521美元。这种会让所有的私营企业破产的结果却在社会慈善领域被容忍。

以对非洲的援助为例。前高盛经济学家，《援助的死亡》(*Dead Aid*)的作者丹比萨·莫约(Dambisa Moyo)指出，在过去的 60 年里，有至少 1 万亿美元的援助从西方发达国家输入非洲。然而非洲今天的实际人均收入比 20 世纪 70 年代更低。超过一半的非洲人口，至少 3.5 亿人的日均生活费少于 1 美元。这个数字在过去的 20 年里几乎翻倍。

经济援助似乎不仅没有给非洲大陆带来巨大的正面效果，反而可能有负面影响。关键在于援助只在短期有积极作用，但往往有预料之外的负面长期后果。

举个例子，假设你是一个农民，以种植玉米为生。你依靠种植的玉米能勉强养活你的家庭，并且能在市场上出售剩下的玉米。依靠卖玉米的收入，你能购买其他家庭必需品并支付孩子的学费，勉强能做到收支平衡。然后一个西方国家向你的家乡捐赠了大量玉米。突然，玉米的价格降到了0。你种植并出售的农作物现在一文不值。你不但失去了为家庭购买其他必需品的能力，你的孩子也没法去上学，你没钱购买明年农作物的种子。一旦援助的食物耗尽，你的老顾客们又来找到你，但你已经没有玉米卖给他们了。现在所有人都得挨饿。

援助除了摧毁当地的小经济体，也对被援助国的出口造成不利影响。很多援助直接以现金的形式给到被援助国。当资金大量涌入一个国家，汇率开始上升，继而让这个国家在出口市场原本具有的优势不复存在。援助也导致了这些国家的领导层腐败滋生。他们有些人通过贪污分赃援助款项来加强统治，有些人直接将援助放入自己腰包。最后，不断流入的援助造成了一种依赖循环。当你仅仅通过别人的施舍就能过活时，你为什么要为自己和国家的将来而去努力工作呢？

慈善家彼得·巴菲特(Peter Buffett)——沃伦·巴菲特(Warren Buffet)的儿子——在《纽约时报》的一篇专栏文章中写道：

> 随着越来越多的个体和社区因这种为少数人创造大量财富的体制而濒临绝境，“回馈”这个词听起来越来越高尚。我称这种所谓的“回馈”为“良心漂白”。攫取远超个人所需的资产，然后因为挤出一小部分给穷人的慈善行为而感觉良好。
>
> 但这种行为只会让现行的不公平持续下去。富人晚上睡得更香，而其他人只是勉强维持生计。每当有人因为做了善事而感到自豪时，在街道或地球的另一端，往往就有另一个人陷入制度的深潭。这种制度让他永远没有机会通过自身能力来过上美好而充实的生活。

这种“良心漂白”并不仅仅针对最富的那群人或大国政府，它反映了普通美国人的现状。1984年，埃塞俄比亚大饥荒通过电视对大众的触动远胜以往。这并不是因为这场饥荒是人类有史以来最严重的一次，而是因为这次它成功地“侵入”了我们的卧室。流行明星们聚集起来创作了标志性(同时略显可悲)的流行歌曲“他们知道现在是圣诞节吗？”并举办了筹款演唱会，为饥民筹集了上百万美元。慈善家们看到大众在受到感动时愿意打开他们的钱包，于是他们开始在电视上播放更多触动人民心弦的广告。告诉顾客们每天花上几便士就可以资助一个儿童并且改变他的命运。所有的主流慈善团体都开始采用这种苦情秀来募集资金。

一个问题是,随着时间的推移,人们逐渐对这种恳求感到疲倦。另一个问题是随着这种慈善行为的进行,很少有关于资金去向的解释。一些记者深入大慈善基金内部进行调查,一些关于慈善基金会肆意浪费、收取高昂管理费和舞弊丑闻的情况被逐渐发觉。那些报道促成了对慈善行为的怀疑,并对潜在捐助者的内心造成了持续性的影响。美国银行最近进行的一项调查显示阻止大众进行募捐的最大的两个原因,一个是感知不足,另一个是缺乏透明度。

毫无疑问,很多慈善组织做了很多有益的工作,但是事实上拥有大量的援助和慈善施舍,也无法解决许多目前最严重的问题,从提供清洁水源到确保所有的儿童都受到基本的教育和医疗。

爱因斯坦曾经说过:"我们不能用当初造成问题的思路来试图解决问题。"资本主义企业大多选择回避这些问题,而传统的慈善行为却远远落在后面。我们必须从别的角度去思考。

更好的出路

越来越多有影响力的经济学家、企业领导、非营利组织领导者和创立者开始创造一条更好的出路。管理学教授 R. 爱德华·弗里曼引入了一种可以对抗股东管理的全新理念:利益相关者管理。与简单地通过为股东创造了多少价值来判断一家企业经营是否成功不同,这种理论拓宽了价值创造的广度。除了关注为股东创造了多少价值,也关注为顾客、社区、雇员、供应商和环境——统称为利益相关方,创造了多少价值。

传统的公司财务只关注利润底线,可持续商业智库 SustainAbility 的创立者约翰·埃尔金顿设计了一种衡量企业经营业绩的新概念——三重底线。三重底线原则不仅通过财务表现,也通过企业的社会责任和环境责任来判断企业业绩。这三重底线经常被称为"人、利润、星球。"

2011 年,迈克尔·波特(Michael Porter)和马克·克莱默(Mark

Kramer)创造了一种衡量企业的新概念——创造共享价值(CSV)。他们设计了一种框架来重新评估企业,从而利用创新的手段来重构产品与市场,改善供应链,建设支持性的产业集群,从而同时实现经济效益、社会效益和环境效益。创造分享价值已经成为一些企业的主流思潮,包括杰克·韦尔奇的老东家通用电气。通用电气的"绿色创想"系列产品在2009年的销售额达到了180亿美元。

此外,越来越多的公益组织正拒绝负罪感策略,转而将他们的注意力投向努力追寻更有效的解决方法。拒绝不透明与低效率的操作,拥抱创新的商业模式。他们通过与社区更紧密的合作来寻找问题的根源,进而找到更好的解决办法。他们利用他们的影响力严谨行事,在执行中透明公开,并搜集真实的反馈。

还有,目前有两股变化正在显现。当公司资本主义正在逐步寻求创造更大的社会效益和环境效益,公益领域正从一些成功的商业行为中学习经验,这些正在产生更大的影响。

我真的能够做好吗?

一些读者可能会持怀疑态度。我对此表示理解,因为我曾经也是如此。你或许会问,"能够证明利润与公益可以同时实现的数据在哪里?"下面就让我们来看一些解答这个疑问的数据。

拉杰·西索迪亚(Raj Sisodia)在他的著作《亲爱的公司》(*Firms of Endearment*)中介绍了他对于采取利益相关法进行管理的公司的研究成果。他选择了28家"亲爱的公司",包括18家上市公司和10家私人公司。选择的标准只考虑这些公司是否采用利益相关者价值最大化作为公司运营和战略的准则。

和我们中的大部分人一样,西索迪亚首先对这些公司的财务表现进行了预测。如果一家公司给员工支付高额薪水、提供很好的健康保险、热心社区公益并采取一系列环境友好的措施,这家公司的收益率略低似乎也是符合逻辑的。但他的研究发现结果并不是这样。

这些社会公益公司在践行社会公益的同时，也让它们的投资者非常满意。在1996～2011年间，社会公益公司给投资者们带来了20%的年化收益率，同时期标准普尔500指数的收益率只有6.5%。社会公益公司在应对金融危机时的表现也远远好于标准普尔500。所以社会公益公司不仅有更优越的经济回报，也有更强的恢复能力。

北安普顿大学和Bate Wells Braithwaite律师事务所在2014年进行的一项联合研究也显示热心社会责任的企业比传统的私营企业存续期更长。这次研究对比了最注重社会公益的100家企业与伦敦金融时报100指数——这个指数包括了在伦敦证券交易所上市的规模最大的100家公司。研究时间段从1984年到2014年，共30年。研究结果显示，社会公益企业在这30年间的生存率为41%，略高于富时100指数公司33%的生存率。

还有一些其他证据，也表明将公益与利润结合所具有的强大力量。一个叫"全球领导者道德协会"(Ethisphere)的组织通过7个方面给企业的商业道德进行评分：(1)强大的内生道德与合规标准；(2)法律、规章与声誉风险；(3)内部领导力；(4)行业领导力；(5)对公众领域的创新性贡献；(6)企业归属感与责任感；(7)企业管理。他们显示得高分的企业通常也拥有更好的财务表现。在2011年有110家企业被认为符合这7项标准，这些企业的平均收益率比当年标准普尔500指数企业的收益率高了7.3%。这些企业也拥有更好的公司形象、更高的顾客忠诚度和更低的员工流动率。

最后，丹尼尔·平克(Daniel Pink)在《驱动力》一书中试图回答究竟是什么激励我们去工作。他引用的研究显示，薪酬在一定程度上会让员工感到是否被公司占便宜。但当他/她被给予一个较为公平的薪酬时，最主要的激励改变了。他认为激励来自自主、掌控和目标。自主指自主开展行动的能力，而不是始终处于管理之下。掌控指工作具有适度的挑战性，可以借此提升能力。目标指整个组织都有不单单只为利润而工作的理念。

社会公益企业是自主、掌控、目标明确的理想环境。平克指出当员工们在实行自主、掌控、目标的氛围下工作，他们工作更努力、更快乐，也更敬业。当员工们快乐、敬业且努力工作时，一家公司在保持内部良好氛围的同时创造更多优秀产品、提供给顾客更好的服务也是顺理成章的事。这种公司当然是一个工作的好地方。它们拥有更好的业绩会是让人吃惊的事吗？

《财富》杂志每年都会评选出100家最佳雇主榜。这个榜单上的企业表现总是优于标普500指数。在1997～2012年间，最佳雇主榜企业的平均年化收益率为10.81％，标普500指数的平均收益仅为4.49％。同一时期，这些企业在股票市场的累积收益率比标普500平均值高了366％。

所以数据显示社会公益企业的业绩非常好。但很难指出究竟是什么原因造成了这种财务表现。任何一家组织的财务表现都是多个因素综合作用的结果。但那些背后有着引人入胜的故事的企业有一个明显优势，他们可以在营销上投入较少。社会公益企业，根据定义，都伴随着强大的基本信息。一家有着强大创新与协作能力的企业能够更好地创造顾客欣赏的产品。一家爱护顾客、尊重客户的企业将赢得客户的忠诚。

社会企业如何引领进步

这些组织的创立者和领导者们证明了通过将亨利·福特的头脑和甘地的心肠相结合，商业活动可以成为应对一些社会痼疾的有效方法。这意味着商业活动会更持续并最终比慈善和政府援助更有影响力。

本书记录了13个这一领域最成功的开拓者的事迹。这其中有营利组织、非营利组织，也有将两者相结合的组织。这些组织的规模从小型创业企业到股票市值数以千亿的跨国巨头。

这些社会企业是谁？

BUILD

反思了过去如何通过最不可能的方法来帮助表现不佳的美国学生进入大学，BUILD教育他们如何成为创业者。BUILD成立于东帕罗奥多，现在正与美国各地的教育系统合作，帮助那些原本要辍学的高中生进入大学。BUILD 已被认可，成为 Ashoka 益创者。

伯特小蜜蜂

伯特小蜜蜂发源于最不受关注的地区，当初只是缅因州偏僻地区的一家路边小店。现在，营利企业伯特小蜜蜂已经开发了一系列纯天然身体护理产品。他们醒目的黄色包装无处不在。在被高乐氏以 10 亿美元不到的价格收购后，他们依然保持初心并持续增长。顺便也给新的母公司带来了不少好声誉。

世界水资源慈善基金会(Charity：Water)

全世界有近 10 亿人缺乏干净的饮用水。世界水资源基金会致力于把这个数字降为零。考虑到他们开展活动才不到 10 年，但他们已经筹集了上百万美元的资金，世界各地都有他们挖掘的水井，他们的雄心壮志或许真的能够成为现实。

设计革命(D-Rev)

为什么全世界几乎 100%的设计师都只想着为最富有的 10%的人设计产品。穷人就配不上精良的设计吗？设计革命的成员们认为答案是“不”。这就是为什么他们一直在设计并向日均生活费低于 4 美元的赤贫人群出售设计精巧的医疗产品。从印度到拉丁美洲，他们的产品改善了穷人的生活并引起人们的瞩目。设计革命被《快》杂志评为最具创新力的公司之一。

捐赠者之选(DonorsChoose.Org)

你相信吗？公立学校的老师们如果想要在课堂上资助一些特殊项目时，通常需要自掏腰包。教育资助体系已经崩溃。捐赠者之选中断了这个体系，让大众直接赞助课堂项目。这个网站平台最早诞生于布朗克斯区，现在业务范围已经遍布美国所有的城市。并且它的财务状况完全可以自持。

Etsy

Etsy 在网络上创造了一个社区市场。手工艺者可以和顾客们直接互动。手工艺者们通过在"工艺品的亚马逊"上出售手工作品，顾客们也通过这个平台获得了更多优秀产品。Etsy在过去的几年里有了爆发式的发展。在2012年，他们的成交额超过了8.5亿美元。

EKOCYCLE

你如何让废物利用看起来很酷？这是威廉姆·亚当斯（Will.I.Am）和可口可乐公司的执行官们互相提出的问题。这场对话的结果是促成了一个流行明星和一个饮料公司不可思议的合作。他们联合推出了EKOCYCLE，一个致力于利用回收的塑料瓶创造新产品的品牌。通过与阿迪达斯、Dr.Dre的Beats耳机、李维斯等品牌合作发布产品，他们在高端产品市场推广合理节制消耗的理念，使可持续利用的观念更加流行。

Embrace

全球每年大概有2 000万名早产儿或低出生体重婴儿诞生。他们中的一部分出生在西方发达国家，但绝大多数出生在发展中国家。他们往往没有恒温箱——一种能维持婴儿生命的重要机器。Embrace的创立者发明了一种适合发展中国家的恒温箱。这是一种简单、精巧的恒温箱，但成本只有传统恒温箱的1%。在印度，这种恒温箱已经拯救了很多婴儿的生命。

IBM

这个古板的老电脑公司和改变世界有什么关联呢？如果你仔细研究，或许会感到吃惊。IBM建立了第一个在非洲的研究院。在非洲，他们致力于开发适合非洲市场环境的产品，以应对非洲的独特挑战。他们曾创造了能把人类送上月球的科技，现在，他们能不能再创造一种让整个大陆脱离贫困的科技呢？

美方洁

有时候，系统性变化来自看起来最不可能的地方。谁能想到两个20岁出头，连自己的公寓都无法保持整洁的年轻人能够在杂货店闯出一条清洁之路？这就是美方洁的故事。凭借天然原料和独特风格，他们的品牌销售额突破1亿美元的速度比思乐宝、本杰瑞、耐克等大品牌都快。行业的其他成员也注意到生产可持续产品的巨大利润。所以所有的行业巨头跟随，开始生产对环境友好的清洁产品。

耐克

经历了20世纪90年代的血汗工厂丑闻，耐克改变了他们宣传社会公益的策略。他们一改过去宣传企业社会责任的陈词滥调，转而宣传可持续发展的商业创新。设计环节的创新让耐克在社会影响力上名列前茅，也赚取了大量利润，股票市值已经达到700亿美元。整个行业都被他们甩在身后。

Soma

一台滤水器能够改变世界吗？Soma认为可以。这家公司设计了一种可以过滤水的玻璃瓶，精巧的设计令人赞叹不已。但真正的影响是看不到的。通过Soma水瓶赚取的利润被用来资助世界水资源慈善基金会在世界各地开展的项目。这家公司在环境保护方面也有积极作用。他们发明了世界上第一台可完全生物降解的滤水器。Soma被《快》杂志评为最勇于创新的公司。

沃比·帕克(Warby Parker)

为什么眼镜——一项发明于500年前的技术——能够和一台苹果手机卖得一样贵？沃比·帕克认为这种状况是不对的。他通过直接在网上以95美元的价格向顾客出售超级时髦的眼镜，完全颠覆了这个行业。重演了大卫击败巨人歌利亚的一幕。他肯定做了正确的决策，因为在过去的几年里，这家公司出售了50万副眼镜，吸引了超过1亿美元风投。沃比·帕克正蓄势待发。他们的成功很大程度上在于他们想为全世界的穷人提供眼镜的愿景。沃比·帕克每出售一副眼镜，就会捐赠一副眼镜给有需要的人们。

你或许会对其中一些组织的成功方式更感兴趣。如果你是一个大快消品牌的产品经理，你或许会被Method、伯特小蜜蜂和EKOCYCLE的故事所吸引。如果你刚创立了一个新型非营利组织，你一定对世界水资源慈善基金会和捐赠者之选的一切非常感兴趣。如果你刚推出了一个新产品，你一定想从沃比·帕克和Soma的成功中学到经验。又或许你在公司工作，但想成为社会创业者，把所有的智慧和实践应用于你的公司。你需要了解耐克和IBM是怎么做的。无论你身处何地、心系何处，我相信每个组织的故事都会给你带来宝贵的经验。

是什么让这些社会企业脱颖而出?

我特意选择了来自不同地区、不同规模、不同寿命、不同行业、不同税务状况的社会企业，目的是为了证明社会创业在各行各业都可以成功。

问题的关键是这本书想要解答为什么这些组织取得了成功，而很多其他社会创业组织最终失败。一个明显的事实是成功没有公式。组织的发展不可能分解为整齐划一的公式。每个人都应该对那些因循守旧的所谓的"指南"持怀疑态度。所以如果你想通过这本书来让你在魔法般地拯救世界的同时成为亿万富翁，抱歉让你失望了。

我将教给你一整套洞悉社会创业关键阶段所面临的不同问题的经验，以及应对这些问题的方法与思路。这些将增加你成功的概率。尽管建立一个组织从来不是一个线性过程，机械地一步一步执行规划不可能保证成功。但相比那些开始就磕磕绊绊，然后又出现误判，最后彻底失败的企业，我发现在我所研究的企业中，的确都经历了显著的不同阶段。不同阶段都有着不同的挑战。我对这些成功者进行了研究和采访，每个阶段的成功往往在很大程度上都要归功于创始人身上具备的某些独特特质。

社会创业的核心阶段可以分成以下几部分：

- 探索——找到合适的机会
- 设计——制作出原型
- 建立——建立一个组织，开始生产一种产品
- 筹资——为组织吸引投资
- 推广——在市场上推销产品
- 规模化——迅速扩张组织

- 估值——评价组织表现

毫无疑问，这是一个严密而牢固的框架。各个阶段或许会有交叉。筹资过程往往会贯穿整个项目开发阶段。对于不同的组织，这些阶段会以不同形式出现。例如，如果原型产品价值高昂，那么我们需要在正式建立组织之前筹集足够资金。但这个框架能帮助你预计创业各阶段将要面临的挑战，以及应对它们所需要的不同需求。

在这方面，我对所有创业者的采访揭示了一些关键特质以及思考和运营方式。这些使他们成功应对了不同成长阶段面临的不同挑战。

- 好奇心
- 谦逊
- 勤奋
- 承诺
- 真心
- 大众
- 诚实

这些特质在整个创业阶段都十分重要，如同人的一生在不同阶段会受益于不同的特质。例如在学校里，我们需要旺盛的好奇心。在约会时，我们需要付出真心。当结婚时，我们需要做出承诺。不同的特质会在社会创业的不同阶段显示其重要性。所以在本书的每个章节，我会着重论述一个阶段以及其对应的特质。

本书的章节做了如下划分：

- 在探索时保持旺盛的好奇心。寻找合适的机会扩大影响。
- 在设计时保持谦逊的思想。以用户优先的准则创造革命性的产品。
- 在创业时勤奋工作。召集人手，找到风口开展业务。
- 在筹资时做出承诺，目标坚定的创业者能吸引志同道合的伙伴。
- 在推广中坚守真实。真实的推广最终会形成大势。
- 在规模化生产时考虑大众。关注文化潮流会保证良好的增长。

- 在估值时保持诚实。诚实的评估保证持续的进步。

幕后

因为我一直相信传达理念最好的方法就是通过一个动人的故事，所以我一直努力将创业者们所面临的各种挑战时的琐碎细节还原为一个完整的故事。我希望这样可以使本书更吸引读者，也更能比一些创业类书籍中的抽象演说给读者带来帮助。我力求将你带到幕后，向创业者们提出所有你想提出的问题。我也力求将他们的奋斗过程真实展现。因此，这本书中也包括错误决定的故事和失败，以及创业者们是如何应对这些挫折。我相信失败是最好的老师，对它们我们应该庆祝而非感到羞耻。

每个章节都包含了数个企业的故事，因此，你可以对不同企业采用的不同方法进行比对，并且找出最适用于你的企业现状的解决方式。在每章的开头，我会对不同阶段企业的需求提出一些简单观点。在每章的结尾，我会对故事中得到的经验教训进行总结。

我希望如果你是一个有追求的社会创业者，本书可以激励你采取行动，开启探索与建立阶段，如果你陷入挣扎，本书能够带来灵感，帮助你走出困境。我最大的愿望是本书能给你的创业之旅带来帮助，这样我们可以共同形成社会创业的潮流，同时实现利润与公益。

目　录

致谢/1

引言/1

超越股东价值/5

超越施舍/7

更好的出路/9

我真的能够做好吗？/10

社会企业如何引领进步/12

是什么让这些社会企业脱颖而出？/16

幕后/18

第一章　在好奇心中探索/1

找到眼镜的问题/2

找到你的问题所在/5

一种新型的交易场所/11

疯狂背后的创意/13

来自普通路边小店的灵感/15

内部创新/16

坎坷的创新之路/18

非洲狂想/19
关键信息/22

第二章　谦逊地设计/24
给穷人带来优秀的设计/26
让用户指导你/28
根据实际需求调整目标/30
不要低估渠道的难度/30
你不必成为一个专家/31
拥抱挑战/34
用户测试有很多好处/36
知道什么可以外包/36
花费精力寻找前期用户/37
创造需求/38
好消息总是传得很慢/38
关键信息/40

第三章　快速建造/42
凭直觉忙碌/43
有计划地忙碌/47
完美计划/50
战胜烧钱率/52
简单和真诚能够创造奇迹/58
关键信息/59

第四章　一诺千金/61
促进一种新的资本制度/62
当利润需求凌驾于公益目标之上/63
福利企业的好处/63

免费资金的真实成本/64
利用众筹的优势/65
开始众筹/67
后续筹资/70
发现源泉/72
Embrace2.0/74
梦想资本/76
不必再为融资而奔波/79
投资生态系统/82
关键信息/83

第五章 以真诚为纽带/84
价值观推动品牌进步/86
建立产品分层/87
给他们美好的体验/88
优化一对一模式/89
提供良好的体验/90
精心挑选的合作伙伴/91
上路吧！杰克/92
美方洁疯狂的市场策略/93
不要对你的顾客唠叨不休，聆听他们/99
建立社群/100
新闻报道比广告更有用/101
通过预热活动造势/102
关键信息/104

第六章 通过群体扩大规模/106
让目标变得真正有意义/107
提升员工敬业度/109

野蛮生长/111
保持奇迹/113
忙碌之后的艰难决定/115
出售股份并不意味着卖掉一切/116
从路边摊到大公司/117
废物搜寻/118
更加可持续的供应链/119
从大公司那里学习/121
变得更具创新性/121
坚持在熟悉的领域发展/123
你的名声可以帮助你,但你需要社区支持/128
关键信息/129

第七章　诚实评估/131
将评估融入使用过程/131
环保设计/133
公开创新/135
衡量你的环境足迹/138
学会爱上数据挖掘/138
极客教育/140
规模越大,数据越多/141
不断收集数据/144
关键信息/145

结论/149

关于网站/152

第一章 在好奇心中探索

创建一个成功的社会企业的第一步是寻找到一个合适的机会。一个能够让你充分发挥自己的才干去有效应对一切障碍并造成巨大影响的机会。这个探索过程包括设定目标、定位存在的问题、决定解决的方法。

设定一个明确的目标是必不可少的。合适的目标是行动的动力，推动项目前进。它也是指路的明灯，让整个组织保持正确的前进方向。目标使一个创业者在每天早晨5点起床工作。目标也让一个社会企业能够吸引到很多高素质的人才加盟，为共同愿景一起努力。目标会吸引合适的投资者，并促使人们成为品牌的拥趸，在他们的交际圈内宣传你的产品、你的服务还有你的故事。

一个社会企业必须充分调动热情、能力、时机、地点和人的力量来找到合适的想法。当一个创业者能够正确地组织好这些要素，他将会发现组织的目标点。这时候他的热情与能力将迸发出最大的能量，产生最大的效用。创业者们必须亲自发现这个甜蜜的时刻。这是一个社会创业者走向世界的起点。

所以一个创业者如何才能发现他的目标点？做到这个的难度似乎和在瓶子里困住闪电一样困难。面对无穷无尽的难题，如何才能判断哪些问题必须解决，哪些可以先放在一边？找到目标点是因为走运，还是有别的因素存在？

每个社会创业者都有各自独特的成功之路。对一些本书中论述的创业者，他们在人生中的某一时刻突然清楚认识到自己最需要应对的问题，以及如何利用自己的能力去解决这个问题。对于另一些人，他们更加系统性地分析评估自己的机会。还有些人在追寻自己目标的时候突然发现真正的目标还在后面。

本书中的创业者在创业之初，对自己所面对的困难和解决困难的方法有着不同的了解程度。他们来自各行各业。他们有老有少，从学生到商业精英，从过着上流生活的夜总会经纪人到流浪汉。他们有男有女，有不同的种族背景。他们在最意想不到的地方发现自己的目标点，从哥斯达黎加的一场演唱会到西非的一个肮脏的小水塘，再到一座腐朽城市的一条暴力街道。

找到你的目标点和找到真爱并无不同。每个人都必须通过自己的方式去找到它。它需要智慧与心灵、理性与感性，有时还需要一些运气。尽管如此，找到自己的方法并无公式可言。从许多成功的社会创业者的故事里，我们能找到一整套核心理念，并将其总结沉淀为几个简单但重要的步骤：

1. 找到问题
2. 应对文化变化
3. 量力而行

找到眼镜的问题

2008年10月的一天，戴夫·吉尔伯亚(Dave Gilboa)走下飞机时，犯了一个我们中很多人都犯过的错误：把一些物品丢在了飞机上。在戴夫的故事里，他忘了带走自己价值600美元的眼镜，之前他把眼镜放在前座背后的夹袋里。

他当时是沃顿商学院的一名学生。回到计算机实验室，他把这个小悲剧告诉了在商学院新认识的几个朋友——尼尔·布卢门撒尔、安迪·亨特(Andy Hunter)和杰夫·雷德(Jeff Raider)，哀叹他得再花600美元买一副新眼镜。

“为什么一个利用500年前的技术生产出来的产品卖得和最新的苹果手机一样贵?”戴夫问道。

尼尔知道事情并非如此。

斯葛佐基金会(ScoJo)的学习经历

五年前,本科毕业于国际关系专业的尼尔想为世界发展做一些工作。一个偶然的机会,他通过朋友介绍,认识了眼科医生乔丹·加沙诺(Jordan Kassalow)。加沙诺创立了斯葛佐基金会,致力于让世界各地的穷人能够戴上眼镜。他邀请尼尔帮他监督其在萨尔瓦多的第一个试点项目。

基金会与发展中国家的创业者合作,帮助他们向以前被忽略的社区出售低成本眼镜。通过与当地劳动者合作,基金会解决了许多发展中国家存在的向偏远地区进行帮助的最后一英里难题,并创造了许多急需的工作岗位。基金会也教会招来的雇员如何进行视力测试,进而改善了用眼卫生。效果并不仅于此。工作不仅给雇员带来了尊严,也让他们能够为自己家庭的教育和健康进行投资,进而对社会造成连环的积极影响。这是一个有效的模式。

加沙诺医生说:“世界上有7亿人需要眼镜。很明显除非我们采用一个以市场经济为根本的解决方法,否则我们永远无法根除这个问题。这就是为什么我选择社会创业的方式。”

这听起来很简单。但斯葛佐基金会在找到正确的方式之前,经历了很多尝试和失败。在第一次试点中,当时的方案是与一个微型贷款机构合作,给当地的创业者提供小额贷款,让他们能够有能力从斯葛佐基金会进货。当创业者出售了这些眼镜之后,他们将会归还贷款。

这次尝试并不成功。因为它要求项目中最脆弱的一群人——新的创业者们来承担眼镜卖不出去的财务风险。

于是斯葛佐基金会从微型贷款模式转向寄售模式。由基金会委托当地的创业者销售眼镜。当创业者们售出眼镜后,他们还钱给基金会。如果他们没能卖出眼镜,他们只需要把眼镜还给基金会。

从萨尔瓦多回来以后,尼尔被基金会聘为全职员工,负责在全世界推广他们的项目。基本上每隔 18 个月,他就可以发起一个新的项目。

明星们戴的是什么眼镜

尼尔学到的最震惊的教训是,不管是贫穷还是富有,来自东方还是西方,人们都关注设计。

斯葛佐基金会开始对每个地区畅销与滞销的眼镜类型进行仔细分析。为了更合需求者的胃口,他们开始看电视,注意好莱坞、宝莱坞与诺莱坞的明星们的眼镜。他们也去高档的眼镜商店,了解当今最流行的眼镜样式。他们夜以继日地搜集一切信息,以便能够创造一款顾客们真正喜欢的产品。

但要做到这一点他们必须在设计者和制造商中构造自己的关系网。斯葛佐基金会的一个董事会成员在奥利佛·匹柏斯工作,他开始向尼尔展示亚洲的眼镜产业链,并带他参加了一些大型生产商的商品展览。渐渐地,尼尔开始了解眼镜的生产过程。很显然,设计并制造一副时髦的眼镜并不比制造其他眼镜需要更多成本。它需要的只是关注。

斯葛佐基金会开始自己设计眼镜,与生产商们合作生产适应不同市场需要的眼镜,并以合理的价格出售。

基金会最后改名为 VisionSpring,至今仍在世界各地发挥巨大的作用。

眼镜业有更好的运作方式吗?

在发展中国家进行了 5 年的推广工作之后,尼尔决定去沃顿商学院深造。尼尔将他在斯葛佐基金会的感悟与在沃顿结识的新朋友进行了分享。与很多商科学生一样,四个朋友开始讨论。杰夫提到他在家里有一副用胶带粘起来的眼镜,作为一名全日制学生,他很难说服自己去买一副昂贵的新眼镜。显然,高昂的眼镜价格不只在穷国是一个问题。安迪声称如果眼镜能够在网上销售,那可以降低成本。他们想到了一个主意:利用尼尔学到的经验来颠覆眼镜业。

第二天四个朋友在一个酒吧碰面。经过几分钟考虑,他们决定试试他们的主意。他们决定成立一家公司,生产时髦且低成本的眼镜,在网络上销售并邮寄到顾客手中。首先，他们根据一对一模式，每卖出一副眼镜，他们会送一副眼镜给发展中国家的需求者。热情、能力、时机、地点、人完美地组织到了一起。

四个伙伴马上制定了一家公司的基本理念。这家公司不久将颠覆整个眼镜行业。他们的成功很大程度上在于他们定位了最需要解决的问题，专注以低成本制造流行的眼镜；他们注意并抓住了不同群体对于设计精良的产品日益增长的需求。他们的成功有着扎实的基础，这来自尼尔的经验和他们在商学院接受的训练。

找到你的问题所在

很多社会创业者在创业最初都不清楚自己到底需要创造什么，直到他们亲身经历了某些"悲剧"才激发了他们的创业热情。Embrace 的创立者简·陈(Jane Chen)和世界水资源慈善基金会的创立者斯科特·哈里森都是因各自亲身经历，开始创业历程。但在他们灵光乍现的那一刻之前，经历截然不同。他们的经历证明了发现之旅能有多么曲折。

当 8 岁的简·陈发现她的柠檬水小摊的销量不及预期时，她做了所有创业者会做的事。她改变了生意方式。她不再坐在她的小摊后面，等着顾客经过，而是决定把柠檬水带到顾客身边。简·陈采取流动方式，她挨家挨户地敲开邻居的家门，推销她的柠檬水。她的策略奏效了，柠檬水的销量飙升。

简是一个天生的创业者，但从她的家庭背景来看却并非如此。和许多移民家庭的父母一样，她的父亲希望她能成为一名医生。父亲的愿望是如此强烈以至于他经常一遍遍地问他的女儿"你叫什么名字"，简必须回答"陈医生"。简最后选择走自己的路并拿到了商科学位，成为一名咨询师。尽管如此，她仍将拯救世界各地很多人的生命。

当她在亚洲某地区从事咨询工作时，她在《纽约时报》上偶然读到一篇关于这一地区艾滋病事件的报道。她不敢相信她读到的一切。60%～80%的成年人是艾滋病毒携带者。如此高的感染率并非因为吸毒或淫乱，而是由于充满漏洞的献血系统。人们面临着输入感染者血液的危险。

陈开始关注这起事件。她努力收集关于这起事件的一切信息。她在工作时与同事谈论这个话题，在鸡尾酒会上与朋友们谈论同样的话题。最后，她决定亲自去看看这一切。她去了几次事发地区，并最终遇到了一个在当地开展照顾艾滋病患者及他们孩子的非营利组织。她发现公益组织只有在承诺对当地事件完全保密后才被允许开展工作。如果这个组织被发现散布一丁点当地的情况，组织的活动将被禁止。

简开始成为这个组织的志愿者并爱上了这份工作。尽管她的咨询事业有趣而充满挑战性，她发现她对此并没有发自内心的使命感。她同时发现她在咨询业掌握的技能在公益领域作用巨大。她能把缜密的商业思维带到组织中来，促进组织成长。

不久，她发现她想要完全投入公益领域，她想充分利用自己的技能，使自己的作用最大化。她带头加入了公益组织，成为一名全职项目经理。简感到她找到了真理与才能的完美结合。在接下来的几年里，公益组织在这起事件中取得了巨大发展。他们照顾艾滋病患者及家属的项目持续运营壮大，并赢得了政府的尊重。经过一系列的交涉，他们最终说服当地政府允许他们在照顾艾滋病患者之外，向他们的孩子提供免费教育。

真正的挑战

在简知道它之时，她正在一架飞往美国的航班上。她正要开始她在两个最著名的学校的联合学位课程。她在攻读哈佛大学肯尼迪商学院的公共政策硕士和斯坦福大学研究生院的工商管理硕士。在哈佛大学的暑期，她在坦桑尼亚的克林顿基金会实习。他们想建立一种全国性的抵抗艾滋病战略。简的任务是与全国各地实验室的技术人员一起工作，确保测试合理进行。

在一次到偏远乡村的出差途中，当简正向一名当地的技术人员逐一询问她的调查问题时，她突然走出实验室，说道："我饿了，我没有食物，我需要吃东西。"她足足骑了 30 公里自行车才赶到实验室。简突然意识到只有解决了一个问题的所有方面时，你才可以说是创造了一种真正有效的方法。如果实验室的技术人员都在挨饿，实验的准确性就非常可疑。如果妇女没有足够的赚钱潜力，她们就无法说服她们的丈夫使用安全套。如果一个国家有大量的抗逆转录药品，但没有分发渠道，那就是没有用的。

回到斯坦福商学院，当她在课程目录中看到一门名为"超低价创业设计"的课程时，她好奇地报名了。班级里有 50%的工科学生和 50%的商科学生。这些学生被分成几个团队。每个团队都被要求设计一件崭新的物品。问题的关键是这个产品必须让那些每天的生活费少于 1 美元的人买得起。这不是一个简单的设计任务。

简的团队被要求设计一个成本只有传统婴儿恒温箱 1%的新型恒温箱。团队进行了一些调查，当他们整理数据时，他们发现全世界每年有 2 000万名早产儿和低体重新生儿诞生。他们来到尼泊尔搜集第一手资料。当地由于极端贫穷，备受早产儿问题的困扰。这个团队的重要时刻来临了，他们意识到他们之前对任务的理解错了。他们并不是要单单发明一种低成本婴儿恒温箱，而是要拯救婴儿的生命。将挑战从发明一种产品转变为拯救婴儿们的生命迫使整个团队从另一角度思考问题。

如果他们只是想制造一个低成本的恒温箱，他们可以去除一个传统恒温箱的一些功能，使之成为一个更简单也更便宜的版本。但问题是传统的恒温箱需要持续通电以及受过训练的专业人员进行操作。它们同时价格昂贵，但婴儿死亡率较高的地区往往是那些贫困地区。那里不是没电就是极度缺电，也几乎没有受过专业训练的医护人员。所以恒温箱必须足够简单，让几个母亲或助产士就能够操作。最重要的是，婴儿通常在家中接受照顾，恒温箱必须是可移动的，而不是体积庞大的医院用品。

简和她的团队想到了 Embrace Warmer。 种类似婴儿睡袋的装置。它通过一袋蜡状物质来加热，能够轻易地重复加热。他们相信如果不把他们的想法付诸实践，那没人会去做这件事。于是他们采取行动。我们在下一章会看到，他们有很多艰巨的工作要做，但他们最终创造了一种满足市场迫切需求的伟大产品，他们是一个优秀的团队。简因她在艾滋病事件中的经历而受到触动，但她最终通过一个研究生院的作业发现了自己的目标。

没有目标的成功

斯科特·哈里森的探索之旅与简既有相同之处，也有不同之处。斯科特小时候是一个普通儿童，出生在新泽西近郊一个会定期去教堂的家庭。就像所有的当代富家子一样，他在18岁时开始留长发，参加各种派对。随后他搬到了纽约，加入了一支乐队并开了几场演奏会。不久，他发现乐队经纪人要比乐队成员赚更多的钱。于是，一年以后，当乐队解散后，他询问经纪人能否和他一起工作。不久，他成为一名夜总会经纪人，开始了新的生涯。

他的第一场演奏会是在14号大街的一间蓝调音乐吧。夏卡·康(Chakha Khan)和布莱恩·迈克奈特(Brian MCKnight)有时会去这个酒吧。对于一个19岁的青年而言，这算是一次大型演奏会，但斯科特在纽约的夜总会经纪人圈中处于食物链的底端，他渴望得到更多。当他的一个哥们赌他不能在新开的莲花夜总会获得一个职位时，他跑去应聘并且成功地得到了职位。于是他成了城市里最热门的夜总会之一的经纪人。

他是一个天生的经纪人，他稳步提升着自己在经纪人圈中的地位。10年时间瞬息即逝。更豪华的夜总会，更可爱的美女，下一场更完美的派对组成了他的生活。最后，他发现自己已经处于行业的顶层。每天晚上，这座城市由8个夜总会经纪人操办着纽约夜店界最盛大的表演，斯科特和他的搭档是其中的两个。斯科特过着一些人梦想中的生活。酒商们每个月支付给他8 000美元，只为了让他在公众场合饮用他们品牌的产品。他与模特们约会，吃价值不菲的免费晚餐。但他并没有感到满足。

在巴西参加了一次史诗性的狂欢之后，第二天清晨，当他从酒精、美女和烟花中醒来后，坐在沙滩上阅读一本名为《追求上帝》(*The Pursuit of God*)的书。他的父亲早些时候寄给了他这本书。他的内心泛起了涟漪。“我到底要给后人留下何种遗产，它们会是有意义的吗?”他扪心自问。他知道自己不想等到了60岁的时候，抛弃妻子，再把剩下的时间花在追求20岁的嫩模身上。他这些年没去过教堂，但他想试一下，问问上帝如何才能让他的生活变得充实。

6个月后，他看着他的机会溜走。他租了一辆车，开始了一场漫无目的的旅行，旅行在缅因州结束。在旅途中，他向上帝发誓，他要用一年时间来进行志愿者工作。在一家网吧里，他向所有的大型人道主义组织提出了申请，包括世界宣明会（World Vision）、善普施国际救援事工（Samaritan's Purse）、和平护卫队（Peace Corp）和慈航（The Mercy Ship）。但他被所有组织拒绝，哪个慈善组织会需要一个夜总会经纪人呢？

当他的运气快要耗尽的时候，慈航——一艘在港口间穿梭，为需要的人们提供医疗服务的医疗船，在要从德国起航时发现船上还需要一名摄像师。他们翻看了之前回绝的简历，并最终决定给斯科特打一个电话。尽管没有得到录用保证，斯科特还是跳上下一班飞往德国的航班，最终说服他们他是真心愿意为慈善事业出力。显然他的才能之一是强大的说服力。

医疗船的目的地是西非，整个团队将在那里停留8个月。在船只靠岸的前一天晚上，斯科特喝得酩酊大醉。在过去的10年里，他沾染了太多的恶习，每天抽两包半红万宝路、酗酒、嗑药、赌博、色情电影、脱衣舞俱乐部，不胜枚举。他决定这是对他糜烂的前半生的告别。他决定走上新的人生舞台，摒弃曾经的一切。第二天早晨，他走下舷梯，将过去的一切抛在脑后，开始一段新的生活。

三天后，医疗船来到了贝宁，受到了一大群当地人的热烈欢迎。他们亟待手术治疗。许多病人的脸上长着奇形怪状的肿瘤，这给斯科特带来了巨大的震撼。医疗船上有许多医术精湛的医生，但他们仍然无法为所有人做手术。他们为那些情况最严重的病人做了手术，但也不得不婉拒了许多病人。

旅途的下一站是利比里亚，情况也类似。这个国家由于一场旷日持久的内战而满目疮痍，平均每50 000人才有一个医生。许多地区没有电和干净的水源。

每个港口泊地都处于类似的绝望情形。斯科特拍摄了50 000张受害者的照片。他开始在博客上刊载他的经历，并向他当经纪人时结识的媒体人发送了大量邮件。

火花被点亮了

回到纽约后，斯科特热情投身于帮助发展中国家人民的活动中。但他已经完全破产，晚上只能睡在朋友的沙发上，依靠朋友们的接济勉强维持生计。他甚至卖掉了收藏的DVD碟片和照相机。不久，他决定回归夜总会生涯。但这次，是为了引起人们对于他所目睹的一切的关注。

他说服了高端的切尔西画廊为他在非洲期间拍摄的照片举办了一场为期9天的展览。他的照片展现了病人们在接受手术前后的不同情形。他也想到了一个为慈航募集资金的主意。

慈航的一个活动项目是在缺水地区挖掘水井，为贫困村民提供清洁水源。斯科特决定在展览现场以20美元一瓶的价格出售瓶装水，并把销售所得捐给这个项目。他不知道是否有人会购买这些高价水，但结果证明很多人会买。在那9天里，展览一共筹集了96 000美元。其中大部分来自出售斯科特的照片所得，但有15 000美元来自销售瓶装水。

问题是集中自己的力量

在那次成功之后，他飞回非洲，参与了慈航的另外一个项目。这次，他结识了慈航负责水资源项目的负责人。斯科特来到利比里亚，当地人喝的是泥沼里的脏水。斯科特震惊了。他认识到世界上有超过十亿人没有清洁水源。

斯科特意识到挖井行动能以相对较低的成本创造巨大效益。每口井只需要花费数千美元，却能为几百人提供清洁水源。答案的简单程度令他备受触动，他不禁想，问题真的那么容易解决吗？

随着斯科特持续在博客上刊载他拍摄的照片和视频，他在发表医疗船的故事之余，也开始发表缺水村庄的故事。他将作品通过邮件发送给他庞大的收件人列表。我们只能说他获得了不同的回应。有些人不想了解类似的事件，只会回应：“把我从收件人名单中去掉，我想参加的是普拉达的晚会，不是看该死的肿瘤。”但他也收到很多积极的回应，类似“我坐在我的书桌旁，您的照片和故事让我潸然泪下”。有些被感动的人们开始捐款或亲自参加志愿者活动。

在斯科特完成第二次医疗船航行之后，他决定投身于改善发展中国家人们生存环境的运动中。一开始他觉得他建立的组织会从解决清洁水源问题开始，最终解决一系列社会问题。这也是为什么他将新成立的组织命名为“慈善：水”（即世界水资源慈善基金会）。随着时间的推移他会将其他解决的问题放到冒号后面。但就像所有的社会创业者会发现的那样，解决一个问题已经是一项艰巨的挑战，你很难彻底解决一项难题。你必须集中你的力量。

简·陈和斯科特·哈里森都由于特殊的个人际遇，偶然亲历了一些社会问题。对这些问题所引发后果的第一手体验促使他们采取行动。这是否意味着你必须要在一个海外项目当一段时间志愿者，这样才能够发现你自己的问题呢？或许这是一个好办法。但这个灵光闪现的时刻也会光顾那些没有类似经历的人。你并不一定要去参加那些有巨大影响的海外救助行动。看看 Esty 的创立者是如何用截然不同的方式获得属于自己的灵感的。

一种新型的交易场所

1999 年，罗博·卡林(Rob Kalin)和马特·斯丁奇科姆一起住在布鲁克林一间拥挤的公寓里。马特是一个乐队成员。为了能赚点外快，他开始制作所在乐队的印花 T 恤。其他乐队不久开始询问马特从哪里弄来了这种印花 T 恤，于是他也开始接受其他乐队的订单。这变成了罗博和马特共同经营的小生意。但罗博不印花的时候，他会手工制作一些木质电脑模型。这两个室友都喜欢制作小玩意儿。

有段时间，罗博的钱还不够交房租。这时，罗博发现他的房东需要为他名下一家饭店制作网站。罗博看到了机会。他提出愿意为房东制作一个网站，作为交换，房东免去他的房租尾款。现在只有一个问题，罗博并不会制作网站，但他觉得这应该不会特别困难，不是吗？于是罗博买了一本 HTML 教程，开始干活。

当他在搭建网站的时候，他想找一种让图片中的火焰动起来的方法（是的，在 1999 年，这看起来很酷）。于是罗博在留言板上发了一条信息，并认识了两个来自纽约大学的程序员克里斯·马圭尔（Chris Maguire）和哈依姆·司考皮克（Haim Schoppik）。他们一见如故，发现搭建网站是一个赚钱的好方法。于是他们合伙开了一个网页设计公司。

他们最早搭建的站点中有一个名叫“得到工艺品（Get Crafty）”。那是他们为教授的妻子所做的。她是一个手工狂人。搭建这个网站的过程让罗博意识到有很多人热衷于手工艺品制作。每个人都在制作作品，但却没有一个好地方来出售他们的作品。于是他发现了自己的灵光一刻。为这些手工艺者搭建一个网上交易市场怎么样？克里斯、哈依姆和罗博开始工作。

在决定网站名字的头脑风暴中，罗博的室友马特半开玩笑地建议把网站命名为“手活”。他们想到了更好的名字，并决定叫作 Etsy.com。网站在 2005 年夏天正式开始运营。

几个月后，罗博邀请马特加入他的公司，负责市场推广。马特回应说他对市场推广一无所知（很明显这能从他提议的网站名字中看出来）。罗博回应道，“这没关系，把你对乐队做的事再对这个网站做一遍。”马特已经对东奔西走的生活感到厌倦，他正准备结婚。于是，他接受了这个职位。

一个住在新墨西哥州的编程老手——贾里德也加入这个团队。马特和罗博在他们布鲁克林的公寓里工作，克里斯和哈依姆在新泽西工作。团队的目标是建设一个网站来推广创意阶层，就像他们的朋友们所做的那些很棒的东西。

2005 年起，Etsy 已经成为全世界手工艺品的集散地。从布鲁克林的公寓里起家的小网站已经成为一个手工艺品交易的大平台。在 2013 年，网站的销售额超过了 10 亿美元。

在本章讲述的4个故事里，探索发现的过程都包含机缘巧合。但事实并不总是如此。如果你有解决问题的欲望，发现灵感的过程会变得更有序。下面就来看看 Method 的创立者是如何有条不紊地找到自己的灵感的。

疯狂背后的创意

当两个童年的玩伴凑到一起，打算共同创业，亚当·洛瑞(Adam Lowry)是一个研究气候变化的化学工程师，艾瑞克·瑞安(Eric Ryan)是一个广告公司的客户经理。他们都是20多岁的单身汉，合租在旧金山的一套公寓里。他们连自己的公寓都无法保持整洁。你绝对无法想象他们会建立一家生产清洁产品的公司。

亚当和艾瑞克当时都想换个工作。尽管亚当喜欢为《京都议定书》进行研究工作，但很明显他的研究只是宣讲那些已经被翻来覆去宣扬过的环保课题。对艾瑞克而言，他正努力宣传、推销那些他根本不关心的东西。他们决定做一份更有意义的工作。

亚当很想接触那些对环保运动态度冷漠的人群。他觉得这样做的最好方式是从政策领域转向商业领域。在他的世界里，商业被认为是环境保护的敌人，但他认为商业会成为环保强有力的盟友。他决定成立一家生产环境友好产品的社会企业。但他不知道他该生产何种产品。

艾瑞克一直想做一些更有意义的工作，他想要和亚当合作开公司，但也不知道该生产什么产品。他们只知道他们生产的产品应该既注重形式，又有实质，新潮但又有重要意义。他们并没有绞尽脑汁地去想一个世界上从未出现过的创新产品，而是决定让一些早已存在的产品变得更环保，也更时髦。

他们采取的做法中非常聪明的一点是，他们充分利用了两种，而不是一种文化转变来实现他们的工作。

他们既利用了消费者们对于生活用品日益增长的偏好，也抓住了他们对于环境友好产品逐步产生的需求。他们也很清楚会带来何种创新性的改变。他们确信不管生产什么，都将会是绿色运动的一次巨大进步。

一天，经过数小时的头脑风暴，他们想到了目标领域。对于生活用品需求最多的地方显然是人们的家里。从咖啡机到壁柜，产品设计的分量不断提升。但他们注意到这种趋势还没有影响到清洁用品。这是一个巨大的被大品牌垄断的类目。但他们相信找到了市场的一个突破口。大部分清洁用品仍旧是利用有毒的化学品制成，包装也毫无设计可言。他们俩要利用被大品牌忽视的文化转变。

这个点子也源于两人的专业技能。亚当有着丰富的化学知识，可以领导产品开发与测试。艾瑞克则在广告公司生涯中获得设计与市场营销经验。当他们完整评估了将要面临的竞争后，他们确信没人在干他们预想干的工作，即使有，也干得不怎么样。环境友好型清洁产品的表现不像那些有毒的化学品那么好，也没有一家产品的包装有着让人眼前一亮的设计。去买肥皂就像去镇里参加一场只有两个选择的约会：选一个所谓的专业人士（几乎是肯定的事，尽管他会让你感到恶心）或者选一个笨蛋（然后以道德的名义接受苦行）。他们决定创造第三种选择，生产一种既环保又能干好本职工作，而且看起来也很棒的产品。这种产品要看起来非常美观，甚至能吸引对环保毫无兴趣的人来购买。他们要通过生产一种令人满意且环保的产品，把绿色概念带到主流市场。

他们对清洁产品没有一丁点天生喜好，但他们成功地定位了问题所在。他们知道如何利用转型期消费者的需求，并且两人形成了合力。事实上创造一条成功的生产线并将产品推向市场并不是从天上掉下来，在下一章中，我们将看到他们的执着与坚持。但他们的确通过系统的分析找到了市场的突破口。在 14 年里，这家公司的年均收入超过 1 亿美元。

美方洁的故事是通过大量专业知识拉动产品战略创新的一个成功案例。产品的设计水平确实是世界级的，对化学的深度了解也是必不可少。但创立者们并没有采用研究型的方法来扩大市场。相对地，伯特小蜜蜂的故事就采用了这种方法。

来自普通路边小店的灵感

1984 年夏日的一天，罗珊·昆比(Roxanne Quimby)的生活随着她搭乘的大众巴士的抛锚而发生了改变。她当时正在回家——一个位于缅因州北部的小镇。她在路边竖起大拇指，想搭个便车。一个长须长发、不修边幅，被镇里人叫作“邋遢伯特”的男人正好路过并捎带上了她。

伯特住在一间八尺见方的小屋里，养了 50 箱蜜蜂。他平时把蜂蜜装在旧泡菜罐里，然后摆在路边的小店里出售。他在蜂蜜罐边上会放一个空罐子让顾客放钱，然后便支起他的躺椅，开始打盹。伯特和罗珊开始花更多时间待在一起。随着罗珊逐渐了解伯特，她意识到能给他的生意带来帮助。当然，如果伯特能在摆摊的时候醒着，那本身对他生意就是一个巨大的帮助。但罗珊有一个更好的主意来改进伯特的产品。她有艺术学位，觉得如果能把蜂蜜包装得好看点的话，买的人会更多。这奏效了，他们卖出了更多的蜂蜜。

罗珊接着开始用蜂蜡制作蜡烛。然后他们达成了一项协议，伯特负责饲养蜜蜂，罗珊负责包装蜂蜜和制作蜡烛。蜂蜜的销量直线上升，但蜡烛销路却很一般。

他们开始在东北部各州的手工艺市场上出售他们的产品。第一次参加集市时，他们挣了 200 美元。在那一年里，他们总共赚了20 000美元。这算不上一笔很高的收入，但他们的销量从那时起稳步提升。一些纽约的精品店店主在地区集市上看中了他们的产品，也开始向他们进货。销量开始飙升。于是罗珊开始尝试以蜂蜡为原料生产一些别的产品。在被炉火温暖的小木屋里，她陆续推出了唇膏和皮鞋与家具抛光剂。

罗珊同时也在尝试改进包装，最后她在手工艺品集市上认识了一个做木版画的艺术家。她按伯特长发卷须的形象定做了一幅木版画。然后他们把画像印在了唇膏罐上。顾客们很喜欢这种设计。小罐内部的纯天然产品和包装上充满历史感的木版画相结合，给他们带来了与众不同的品牌辨识度。在手工艺品集市上，他们唇膏的销量远超抛光剂和蜡烛，总是被抢购一空。罗珊根据顾客们表现出的偏好，开始制作更多纯天然个人护理用品。这些新产品销路极佳以至于他们最终放弃了制作蜡烛和抛光剂。

罗珊一开始并没有打定主意要开一家何种类型的公司，她只不过偶然介入了这一领域。她和伯特抓住了当时消费者们偏好纯天然产品的风口，并利用她的艺术才能，创造了与他们目标市场紧密契合的品牌形象。罗珊发现她在产品研发和市场推广上很有天分。1999 年，她买下了伯特手中的公司股份，并把公司经营壮大。2007 年，公司被高乐氏以 9.31 亿美元的价格收购。此举引起了一些环保团体的诟病。但不可否认的是，伯特小蜜蜂和本杰瑞、缅因汤姆等公司一起，为把天然产品推向主流市场做出了贡献。

我们听够了诸如企业如果要发展，就必须尽快扩张，在短时间内实现规模增长。伯特小蜜蜂的案例告诉我们，通过保持较小但持续的增长，同时不断提升产品水平和管理能力，你也能取得成功。不用像硅谷中流行的那样一夜暴富，也不用发明一件全新的产品。如果你能提供一项很好的产品或服务，并且符合市场需求，你就能在市场中占据一席之地。

内部创新

你可能在任何环境里发现你的目标点，即使你在一家大公司里也一样。社会创新不是只针对那些梦想改变世界的创业者。那些在大企业内进行创新性行动的人也和社会创业者一样。大公司凭借高额预算、广泛分布和存量客户，可以轻易创造出规模效应。社会创业也因此而更加有效。

只有在你丢弃时，废物才真正变成废物

当毕蓓蕾(Bea Perez)接到一个朋友的电话时，她并没有想到当天晚上她会在演唱会的后台见到世界上最大牌的明星之一。有时候，创新的机会来自人们的担忧。

毕蓓蕾的朋友说道：“威廉姆·亚当斯想和你谈谈他的一个想法。”她

回答道:“好的,什么时候?”她的朋友说:“就今晚,他在这里有场演唱会,我们想让你在后台和他聊聊他的想法。”

她和威廉姆·亚当斯坐在一起,那时毕蓓蕾在可口可乐公司从事市场工作,她觉得会和这个音乐家谈谈市场推广或赞助事项。亚当斯先讲述了一个在哥斯达黎加演唱会的故事。这是一场大型演唱会,差不多有10万人参加。通常,演唱会一结束,歌手就会跳上车,飞速驶回酒店以避开交通拥堵。但那次,他们错过了机会,不得不待在现场直到交通好转。于是,他们决定充分利用这段时间,在现场给自己开个小派对。亚当斯自己也不知道,一次错失离开的时机会带来一个革命性的主意。

“我们走上舞台,看到演唱会后留下的一片狼藉。整个场地都被垃圾堆满了,其中大部分是饮料瓶。废品收集箱就在出口边上,所以并不是人们没法把瓶子扔到垃圾箱里。这是我第一次思考,慢着,我们的演唱会造成了那么多浪费?我们在这里扮演了很重要的角色,我也该受到批评。”亚当斯说道,“我们把人们吸引到这来,但只教会了他们吃喝、跳舞,然后乱扔垃圾。这一切的直接表现就是满地瓶子、杯子还有其他垃圾。我们本可以把人们聚集起来做一些更有益的事情。但我们就这么离开,没有留下任何东西。”

他抛出了一个用回收的可口可乐饮料罐生产新产品的建议。他提到可以让其他品牌也加入进来,通过创造大众喜爱的产品,让废物循环利用看起来很酷。如何让大家接受这些产品开启了一个新的话题。亚当斯说如果客户知道他那件很酷的夹克衫、手机盒或牛仔裤里有多少瓶子,他们或许会更接受循环利用。因为那样更有价值。亚当斯觉得,只有在你丢弃时,废物才真正变成废物。

他与可口可乐循环利用的战略不谋而合。两者决定建立合作关系,共同促进可持续发展。除了实现可口可乐提高包装再利用率的目标,这次合作也改变了一些品牌的生产方式。更重要的是,他们给消费者一个合理消费的机会。最后,他们利用合作产生的利润来资助那些宣传可持续生活方式的草根社区组织。

"你必须开始合理消费，一个能够简单做到这一点的方法是心想'我买下的这个东西，还能被制成那个东西'"，亚当斯说，"当我买下一瓶可乐，让我确信我在买下它之后，我会把它扔到废物回收箱里去，这样它会被制成别的我喜欢的产品。"他的理念是通过回收废弃物品，并将它们制成受欢迎的产品，进而鼓励回收更多废物，最终形成一个良性循环。

亚当斯把合作品牌命名为"EKOCYCLE"。这是一个好名字，前面的四个字母是倒拼的单词"可乐"，cycle 则代表了通过循环利用与合理消费，创造良性循环的愿望。

威廉姆·亚当斯很了解可口可乐的目标和责任感。他借助可口可乐和整个行业的生意，实现了自己的想法。他并没有"天下掉馅饼"这种幼稚想法。毕蓓蕾说："他对挑战的艰苦程度有着清醒了解。但他也不乏热情和决心，愿意花时间和精力去为解决难题出力。可口可乐也有相同的信条。所以我们的信条相吻合。"毕蓓蕾在公司内部支持 EKOCYCLE 项目。经过几次会面后，这个创新项目最终得到可口可乐高层的批准。

坎坷的创新之路

在 20 世纪 90 年代，耐克是报纸负面新闻的常客。它也是第一家被指责在亚洲开设血汗工厂的品牌。

耐克工厂被曝光一系列侵害劳工权益的行径，包括底薪、解雇怀孕女工、开除想要改善工作环境的员工。表现不佳的员工甚至会被强迫舔地板，被皮鞋抽耳光等侮辱性惩罚。

丑闻爆发时，耐克刚成立 20 年，按人的年龄算的话，差不多是处在叛逆期。所以，毫无意外地，耐克的回应也相当任性。耐克对职责采取非常有敌意与进攻性的态度。一开始，他们不承认问题的存在。否认与辩护取得了相反的效果，反而更激起了人们对耐克的愤怒。

耐克的领导层足足花了 5 年时间才开始重新审视现实，并意识到世界已经变了。人们对于品牌的期望正在慢慢发生变化。而他们已经失去了机会。人们正逐渐从社会和环保角度对公司提出更高要求。他们发现必须做出改变。他们忽视了细微的信号，忽视了人们对于提高公司透明度的期望。他们得彻底反思应对负面新闻的策略。

公司是由人组成的。正如人们往往很难意识到自己必须做出改变，公司也是一样。但一个拒绝改变的公司很快会被淘汰（想想错失了数码照相革命的柯达）。耐克决定从内部开始，改变态度，理解并接受文化转变。

耐克改变了对批评一味否认辩解的态度，开始踏上转型之路。他们先建立了一个名为公司社会责任部（CSR）的部门，然后花了近1年时间与利益相关方进行沟通，反思政策并将之落实。

在耐克反思的过程中，公司意识到两件事。第一，你需要重审你的商业模式，努力找到经营中需要改变的地方，进而促进实质性的变化。第二，你不可能一个人单独完成此事。身处一个高度竞争的行业，你需要大幅度提高你的竞争力。你需要利益相关方的协作，并将各方力量集中到一起。所以，耐克花费了大量时间来协调外部利益相关方。

此外，社会责任团队也开始自省。他们开始检查商业模式，并问了一个简单的问题："如何在公司经营中实现可持续发展？"寻找答案的过程促使他们研究得更多、更深入。幸运的是，CSR对整个公司形成了一个独到的认识。

耐克的可持续与创新旅程始于应对公司公众形象受损的风险。但不仅于此，你会对这场旅途是如何彻底改变一家市值680亿美元的公司而感到吃惊。

非洲狂想

IBM成立于1911年。那时福特T型车和厢式马车在美国街头穿行，双翼飞机在天空中翱翔。世界还没有经历第一次世界大战。美国也还没有尝到禁运之苦。

这些年来，IBM一直是美国现代公司中的领军企业。它为信息产业的一些最重要的进步做出了重要贡献。IBM的技术帮人类实现了登月梦想。他们在超级电脑和个人电脑领域都处于领先地位。2011 年,IBM 的沃森认知计算系统还赢得了哥伦比亚广播公司的益智问答游戏“危险边缘”的冠军。

所有这一切技术突破,从穿孔卡片到真空管,再到机器学习和语音识别,都发端于 IBM 公司的研究院。研究院中的科学和技术成就了 IBM。IBM 的研究院被认为是世界上最具声望的研究场所,各行各业的顶尖科研人员在此济济一堂,致力于开发人类下一代科技。

在 20 世纪 90 年代中期,IBM 研究实验室想在新兴市场国家建立研究院,以便和当地科研团队合作,促进创新。于是他们先后在中国、印度和巴西建立了研究院。

进入千禧年后,IBM 研究实验室的高级副总裁约翰・凯利(John Kelly)决定挑战在这个世界上最艰巨的地方建立分支机构。当今世界,环境最恶劣、挑战最艰巨的地方就在非洲大陆。

这块大陆有着很大潜力。撒哈拉以南的非洲地区被认为在未来 50 年里有着最大的人口增幅。世界上未被开发的耕地中,有 60% 在非洲。2008 年,非洲的消费者总共消费了8 600亿美元,比俄罗斯和印度的总和还多。到 2010 年,这个数字预计会上升到 1.4 万亿。非洲有 52 座城市的人口数超过 100 万,这个数字比欧洲或北美洲都大。目前,非洲有 4 亿城市人口。移动电话用户的数量在 2000 年到 2010 年间翻了 1 倍,从 3 亿增长到 6 亿。到 2040 年,非洲会拥有 11 亿劳动人口,比中国和印度都多。

但在非洲开展商业活动或研究工作需要应对许多挑战。这些挑战包括虚弱的政府、袒护腐败、政局不稳、缺乏基础设施、恐怖主义等。这些挑战令一家成熟公司很难下决心在非洲进行巨额投资。

IBM 很早就开始与东非的客户进行合作,但他们想要做得更多。在公司内部,所有的高管都被问一个问题:“我们能为非洲的发展做的最好的事是什么?”除了显而易见的与非洲当地企业展开合作这个他们早就在做的答案,还有其他更好的主意吗?

在 IBM 超过一个世纪的历史里,他们一共建立了 12 个研究院。他们的 CEO 认为 IBM 能够给予这块大陆最好的礼物就是一个研究院。他认为这将是一个信号，证明 IBM 对非洲的关注是严肃且认真的。IBM 不只想利用非洲的发展，更是想帮助解决非洲最艰巨的挑战。

这个设想在 IBM 内部引起了激烈争论。建立研究院是否可行，现在是不是合适的时机？研究实验室新兴市场部门的领导罗伯特·莫里斯(Robert Morris)最后站出来，说："我们不能再等下去了，这是最艰苦的挑战。所以，我们要来这里，我们要带来人才，我们要让这里变得不一样。"

于是他们开始着手建立在非洲的第一个研究院。第一个被选中的是研究院主管，卡马尔·巴塔查里亚(Kamal Bhattacharya)博士。他是一个优秀的工程师，在 IBM 工作了十五年，曾在欧洲、美国、亚洲和非洲负责技术与业务转型工作。在被选为非洲的主管之前，卡马尔是孟买的 IBM 印度研究院的高级经理。再之前，他在纽约的沃森研究院领导一支负责 IT 优化的团队。

巴塔查里亚博士相信非洲的独特挑战与限制会催生科学技术的创新。尽管商业和工业持续发展，也有着许多优势，非洲大陆仍然远远落后于西方世界。援助依赖、贸易壁垒、落后的制造业令非洲大部分人口依靠农业维持生计，就像工业化之前的欧洲那样。

巴塔查里亚博士相信，随着这块大陆人口的高速增长，非洲需要跨越式的发展。"如果你细看这里的人口增长和城市化，从农业和食品安全角度，可以估计我们需要在 20～30 年里完成欧洲用 200 年时间做的事。"

IBM 的科技曾把人类送上月球。应对非洲大陆的挑战是我们这一代的登月计划。这需要创造与创新。如果成功的话，这将改变整个大陆的发展轨迹。IBM 已经在撒哈拉沙漠以南的非洲地区建立了第一所研究设施。

巴塔查里亚博士说："我们只是做了冒险尝试。我们不知道这样做是否正确，但我们感觉在做正确的事。所以让我们一直做下去。"

关键信息

这里记叙的每一个社会企业都有找到各自目标点的独特方法。一个确凿的事实是，没有哪一种方法能够保证你找到目标点。但好消息是，在这些成功的社会企业的创业历程中，我们可以发现三条圭臬。正是这三条圭臬让这些创新者成功找准了他们的创业产品和商业模式。

1. 找出问题

找到目标点的第一步是找出一个问题。你必须对这个问题有足够的认识，从而能让你的品牌成功契合目标市场的需求。聚焦你独特的贡献点，选择符合现有能力的目标，这一个对于早期创业者来说至关重要。甚至像可口可乐、耐克这样的大型公司都必须谨慎行事。根据定义，社会企业的目标是解决一些世界上最严峻的社会和环境问题，诸如贫穷、压迫、社会不公、温度变化与资源保护。这些问题背后盘根错节、异常复杂，否则它们早就被解决了。它们可能会继续泛滥。把你的目标从一类问题缩小到一个具体问题。找到一个可以充分发挥你的能量的目标，再针对性地去解决它。

关键问题：如何缩小问题的范围？有什么方法可以让问题更具体吗？

2. 利用文化转变

当你成功找到了一个具体问题，你必须回头，从文化角度全面审视这个问题。

文化转变，例如科学技术发展、顾客对公司形象的日益重视可能会给企业带来机遇，也可能会带来隐患。忽视这些趋势会让成熟企业受损，但如果利用好它们，会有效增强企业竞争力和影响力，大大提高成功概率。

关键问题：我的问题的关键文化转变是什么？我如何才能利用好这些转变？

3. 量力而行

找到目标点的最后一个基础性步骤是分析你的各种能力，找出你的个人能力在解决问题上的独特优势。要做到这点你需要：

● 首先，考虑你的基本能力，即你在某个特殊专业方面具有的技能，例如设计、营销、编程、种植或工程管理。

● 其次，考虑你对该领域的知识，即你对你立志要解决的问题，诸如食物短缺、水源污染、健康或教育问题是否有充分的认识。

● 最后，考虑你的性格因素，找到你天生最适合的工作。仔细审问自己，你究竟是一个内向者还是一个外向者？你是喜欢管理一群人，做整个团队的领导者，还是喜欢做一个沉迷于解决技术问题的思考者？在社会创业过程中，解决不同的问题需要不同类型的组织和技能。

切实评估你的天赋和技能能帮助你辨别你自己能够解决的问题和需要拥有其他能力的伙伴协作解决的问题。无论一个创业者有多少技能，他永远不可能凭借一个人的力量来建立一个成功的企业。我们的文化充满对于孤胆英雄的崇拜，但事实是没有一个成功的企业是由一个人独立创造的。

建立一个成功的社会企业需要一支多学科团队。这样的团队才能在各种关键领域拥有足够的专业能力，进而从不同方面改善思考与决策。

关键问题：我的哪种独特技能能够帮助解决我的问题？我的弱点是什么？我如何才能建立一支多学科团队？

第二章　谦逊地设计

当社会创业者们找到他们的目标点后，第二步便是将理念付诸实践，开始设计产品或服务。许多创业者在创业之初往往充满紧迫感，在准备尚不充分时就匆匆投入生产，当发现产品不及预期时，又草率放弃项目。在这一阶段的另一个关键误区是，有些创业者一旦制订了一个商业计划，他们便会僵硬地执行这个计划，没有意识到开始阶段的计划应该只是一个完整商业模式中一个粗略的指导。第三个常见误区是有些创业者认为自己该包办一切，极力避免外部投入，试图独立解决包括设计在内的所有问题。

创立者通过突破性的解决方案、无与伦比的智慧与特立独行的判断独立铸造了许多繁荣的企业。但同样由于这种创业者的独断专行，很多极具潜力的企业发展陷入停滞，在错误的想法上盘桓太久，最终错失了改进产品与服务的良机。

史蒂夫·布兰科(Steve Blank)，一位成功的社会创业者，同时也是社会创业领域首屈一指的专家，在他影响广泛的文章"为什么精益开始改变一切"中写道，"商业计划很少能在第一次接触顾客的时候就令他们满意……初创企业不是大型公司的小号版本。它们大多没有总体规划。那些最终成功的企业在一次次失败中成长，它们在与客户的接触中不断适应、反复尝试、不断改进它们最初的设想。"

布兰科是一项旨在推进更多以用户为中心的精益产品发展的运动的

领导者之一，这项运动发展迅速。它结合了埃里克·莱斯(Eric Ries)——《精益创业》一书的作者——所推荐的方法和以人为本的设计理念。

埃里克是史蒂夫·布兰科在加利福尼亚大学伯克利分校的学生。在那里，他了解了初创企业的世界。他的目光也越过了太平洋，接触了丰田的精益生产理念。在这种理念下，生产者要求不断精简生产过程中一切无用多余的东西，在产品发展中不断进行规律性的测试。据此，埃里克提出了精益创业模式。

莱斯在他的精益创业理论中融合了这些观点。根据精益创业理论，一个创业企业的产品有生产、测度、学习三个阶段。在生产阶段，设计师需要生产最小可行化产品(MVP)。最小可行化产品是量产品的一个精简版本，通常只包含产品的必要特性。最小可行化产品必须成本低廉，易于制造。它将用来测试用户对产品的想法。下一个阶段是测度。在这个阶段，设计师会在最小可行化产品的基础上生产产品，同时测试用户与产品的互动。在这个阶段，设计者需要深刻洞察用户与产品间的相互作用。最后是学习阶段。在这一阶段，设计者将根据从测度阶段获取的数据，判明产品的有用部分和无用部分。在这时，往往有必要根据用户反馈对产品进行改变。然后，整个循环将重新开始。

以人为本的设计理念受共情作用的启发。在过去十年里，著名的设计公司IDEO一直是行业领先者，为许多大公司进行了创新性的设计。在与比尔及梅兰达·盖茨基金以及其他伙伴的合作过程中，IDEO利用它们的设计程序，修改后解决了很多发展中世界的难题。整个程序的核心是共情——对用户生活的深刻了解，即使设计者自身并没有经历过那种生活。

以人为本的设计程序从一个具体的设计需求开始，然后经过三个主要阶段：聆听，创造，交付。在聆听阶段，设计者通过田野调查，直接从用户处收集故事和灵感。在创造阶段，设计者们在工作室内汇集所有的调查结果，确定设计的主题，将用户的故事转化为一个大框架。随后，设计者们将方案具体化，制造原型。最后，在交付阶段，设计者通过收益与成本模型，评估方案是否能够执行。

成功的社会创新者的故事明确证明了以围绕用户、快速迭代的方式来设计产品和服务，进而制定整个商业模式。本书中的每个创业者都曾经历过意料之外的挫折，不得不对他们的理念和产品进行修正。有时他们必须对最初的计划进行大幅修改。你是采取精益创业理论还是坚持自己的创业理念并不重要，问题的关键在于你在设计过程中必须坚持人性化的理念，而不是坚信你已经找到问题的答案。必须不断测试你的假设，你需要经过以下三步：

- 聆听
- 生产
- 迭代

在这一章，我们首先会花些时间从创新设计公司的设计革命中学习他们的工作方法。首先在田野调查中聆听用户需求，然后生产原型，与用户进行测试。我们会去看查尔斯·贝斯特如何通过利用最小可行化产品证明他的设想是一个绝佳的主意，可以继续进行，最终发展为一个精细复杂的网站。接着，我们将追寻 Embrace 创立者们生产婴儿恒温箱的探索之旅，看用户反馈和及时转变是如何在他们的产品设计中发挥了关键作用，最终进入印度市场。

给穷人带来优秀的设计

在科罗拉多当了近二十年精神病医师后，在 1981 年保罗·波拉克(Paul Polak)决定成立一家名为国际发展企业的社会创新企业。他的目标是利用市场化的力量，通过向处于困境的数百万农民提供灌溉技术和生活用水来缓解贫困问题。在 2007 年，他创建了技术孵化器“设计革命”(Design Revolution)。他与电气工程师科特·库尔曼(Kurt Kuhlman)一起，给那些为穷人生产的产品带来新颖且高质量的设计。在历史上，通常只有收入最多的 10%的人群能够享受高质量的设计。专注于为世界上日平均消费低于 2 美元的人群设计产品的顶尖设计师非常少。设计革命的理念是利用市场作为设计的指示器，以低价向穷人们销售产品而不是放弃他们。如果这些穷人们都会买一个产品，那说明这个产品的确满足了他们的需求。

保罗成功地召集了一批世界级的设计师，为了能让他的组织有更好的发展，他聘请了克里斯塔·唐纳森（Krista Donaldson）作为首席执行官。克里斯塔在将设计理念运用于优化产品和服务方面有着丰富经验。她是社会公益企业 AproTec 在东非最早的实习生之一。AproTec 致力于设计并向当地的小农家庭出售人力灌溉器。她还在伊拉克待过一年半，负责设计当地的战后输电网络。

在 AproTec 早期，他们专注于为当地小农家庭设计一款伟大的产品，但并没有建立合适的分发渠道。克里斯塔意识到即使你能够开发先进的技术，但如果你没有办法将让目标用户接触到它们，那这款产品不会成功，尤其是那些市场驱动型的产品。

克里斯塔在伊拉克期间，美国对于重建当地输电网络的政策只关注了一件事：建造发电厂。他们没有从全局角度考虑过发电系统，也不找出问题所在。举一个例子，发电厂需要哪种燃料？电费以何种形式支付？电费的定价结构是怎么样的？发电系统在各个环节是如何工作的？结果是重建工作受到了很多延迟和挫折。克里斯塔从她的两段经历中认识到要想解决困难问题，你必须全面考虑系统中各个动态部分以及它们之间的相互作用。

在我采访克里斯塔的那天，设计革命实验室正在与两个不同的团队协商。他们新推出了一款婴儿抗黄疸仪器——光辉（brilliance）。但这时他们才发现有些国家不允许从印度装运货物。而印度正是这个产品的生产地。所以他们正忙于解决这个法律问题。与此同时，他们正要在印度尼西亚开始移动膝盖——一种新型假肢的临床试验。设计团队夜以继日地整理对医疗仪器至关重要的许可证书。大家因为睡眠不足而显得昏昏欲睡。他们同时也在研究在印度尼西亚开展移动膝盖临床试验以评估仪器效用所需要遵守的法规条款。但却在将印度尼西亚语翻译成英语上遇到了"瓶颈"。整个团队都发疯似的工作,努力将最后一部分印度尼西亚语法条翻译成英语。

他们的目标是研发具有创新性设计的产品,以此改善处于金字塔底端人群的收入和健康状况。他们以极低的成本生产世界级的产品,并将它们出售给世界上最穷的一群人。这其中的矛盾要求他们在设计阶段就必须具有极高的创新性和热情。这个实验室是设计革命的核心,但不是产品研发的唯一地点。设计革命的工程师和设计师们在世界各地度过很长时间。克里斯塔在东非和伊拉克的经验告诉她,一个整合良好的商业模式必须在设计阶段将价格、渠道、维护和最终用户全部考虑进去。

设计革命指出,他们的婴儿产品完全符合美国儿科学会制定的标准。克里斯塔强调说:"这并不是自夸我们的产品很棒。我们的产品达到了这些国际公认的标准。"这一点至关重要,因为很多西方组织都宣称他们拥有针对贫困人口的新产品,但这些产品一般都质量不佳。"我真的相信,无论贫富,人们都希望拥有精心设计、质量良好的产品。"克里斯塔最后说道。

让用户指导你

克里斯塔说要实现设计革命的承诺需要在研发过程中保持谦虚的态度。"根据我的个人经验,在社会的各个领域有太多想当然的问题,实际上却并非如此。"要理解这一点,你需要花大量时间与用户直接沟通。有许多急躁的企业完全不顾目标用户对产品或服务的看法,而是直接将他们的商业设想投入执行。

在设计革命,用户是所有设计决策的中心。克里斯塔说:"自从我接受设计革命以后,我们所做的每一个决策都来自医生或护士的意见。他们提出问题,我们负责解决问题。"设计革命不做找出问题的工作,他们把这项工作留给了更专业的人士。因为他们日日夜夜都在一线工作。设计革命做的是聆听那些更专业、更有经验人士提出的问题。

然后,设计革命开始自己的调查。他们会问,这个问题是广泛存在还是只存在于一小块特定区域？人们现在如何应对这个问题？然后他们会努力寻找一个经济上可行的解决方案。

第一步是理解用户的需求。设计革命收集了大量关于产品的要求。这些要求有时互相矛盾，各有不同权重；设计师会将所有需求仔细排序。

以一个尚处于研发阶段，代号“彗星”的项目为例，设计革命收集了40项不同的用户需求，例如：是否易于清洁？是否易于运输？在整理了全部需求后，设计团队将会仔细评估并安排各项需求的优先级。这将是一个漫长的过程。

第二步是根据不同的研发方案制造几个粗略的原型。他们评估这些粗略的原型，改进它，制造出更精致的模型，然后重复这项工作。失败是这个过程重要的组成部分。克里斯塔说：“我们遵循硅谷的理念，鼓励我们的设计师快速做出改变。”他们不停地建造并调整产品设计以适应用户需求，直到生产出一个他们确认能够进行用户测试的产品。在用户测试中，他们监控产品运行，同时询问使用感受。然后他们会根据用户反馈再进行一些调整。这个过程将一直持续，直到他们的产品满足所有需求，同时穷人也愿意花费手中不多的钱去买下这个产品。

用户反馈一直能够揭示设计师未曾注意的问题以及产品成功或失败的细节。例如，在测试一款移动膝盖时，一个用户告诉设计革命，“这个装置太笨重了，它可能适合你们西方人，但不适合我们的体型。”这条评价揭露了一个他们之前并未意识到的设计歧视。还有一次，当设计团队在试图从一位印度医生那儿获得关于一款医疗仪器的使用反馈时，那位医生说：“你知道你们西方人有新技术。但我们只想要一台与你们在斯坦福医院类似的设备，一台能工作而且我们买得起的设备。”设计师有时会过分专注于新事物。当用户需求的确重要并迫切希望能够采用各种方法加以解决时，他们并不关心是采取了新的措施还是沿用已有的经验。

在进行测试和问卷调查时，必须从不同背景的用户群中收集反馈。因为有些人可能会不愿意批评产品。有些人会认为这个产品只在这种情形下使用，而另一些人会认为这种产品可以在其他情形下使用。用户也存在偏见。

设计革命对他们的问卷调查花费了很大心血，他们以不同形式询问相同问题，努力消除所有的调查歧视，确保用户反馈的有效性。整个团队会集中用户反馈，并以此指导下一阶段的工作。

然而，用户并不能告诉你关于产品研发的一切。例如他们可以告诉你假肢是否合身，感觉如何，但并不能在一两次试用后告诉你它的强度和耐用性。因此设计革命会进行大量实验室测试，例如对移动膝盖进行压力测试。然后他们会根据全部实验室和用户数据，进行下一步设计。

根据实际需求调整目标

设计革命曾根据这种程序研发了一款用于治疗婴儿严重黄疸的光疗装置——光辉。这种装置会向婴儿的皮肤发出蓝色光线，以此阻止可能导致脑损伤的黄色素生成。用于治疗黄疸的传统仪器售价在3 000～10 000美元。光辉有类似的疗效，但价格只有 400 美元。

设计革命经过研究发现，大部分贫困地区的母亲选择在家中分娩。她们中大部分人从没听说过黄疸，也不知道黄疸的症状。这导致了患儿不能及时接受治疗。这是一个严重的问题，因为婴儿黄疸必须尽早得到医治。由于偏远地区的诊所往往无力购置传统的黄疸治疗仪，患儿必须被送到邻近城市的医院。这使治疗被进一步耽搁。由此设计革命决定开始设计一款小诊所都能够买得起的光疗装置。

然而，当他们开始实地调查，在访问了 300 多家医院并与斯坦福大学和其他机构进行了联合调查后，设计革命发现即使在城市里，接近 90%的公立医院也没有治疗黄疸的仪器。于是团队决定对设计目标进行调整，首先全力提供一款适用于大医院的机器。因为大医院是对治疗黄疸需求最大的地方，这样他们的机器能发挥最大的效用。

不要低估渠道的难度

根据克里斯塔在东非和伊拉克的经验，不仅产品研发需要创新，供应链也需要创新。在光辉仪器的案例中，设计革命将印度定为第一目标市场，但印度糟糕的医疗体系带来了一系列挑战。克里斯塔知道他们需要专家来应对这些挑战。于是设计革命与印度最大的新生儿设备制造商——凤凰展开合作，开发销售渠道。

这项合作的难点在于，设计革命希望将产品卖给偏远地区的医院和公立医院，而不是主要为富人服务的私立医院。而凤凰却希望尽量将产品出售给私立医院，因为这些医院出得起高价，从而带来更高的利润。最后设计革命与凤凰签订了一项许可协议，根据协议，凤凰在向偏远地区医院和公立医院出售一台机器后，需要支付的专利费要低于他们向私立医院出售同型号机器需要支付的费用。

这是创新性协调利润与目标的一个很好的案例。设计革命并没有因为利润需求而与合作商关系紧张，反而成功地以此实现公益目的。光辉在印度市场非常成功，在非洲市场也进展顺利。设计革命正试图将它带入拉丁美洲和东南亚地区。

你不必成为一个专家

设计革命为产品研发开发了一系列高度复杂的流程，但你在执行你的想法的最初阶段，不需要那么多专业知识。查尔斯·贝斯特从无到有逐步创立捐赠者之选的过程说明了实现想法的最好方法就是实际行动。

查尔斯很早就知道他想要做什么。受他的英语老师和摔跤教练的影响，想要成为一名教师。同时他喜欢历史，于是他成为布朗克斯一所低收入社区高中的历史老师。

在工作中，他的同事们经常抱怨没有足够的资助来支持和带领实地考察、购置课外书籍。老师们在使用学校资源时受到各种限制。学校的预算每年都在减少。许多老师不得不自掏腰包来支持实践项目。这种情况几乎遍及全国。

也许正因为查尔斯是这个教育系统的新来者，他开始考虑为解决这个问题做些什么。他认为，如果人们能看到他们的捐款被用到了哪些地方，那么一定有人会愿意为这些项目捐款。

查尔斯对于慈善不多的认识来源于商业广告和电视新闻，就是所谓的贫穷真人秀。所有的慈善组织似乎都只想要人们的钱，而对让人们真正参与解决问题毫不关心。查尔斯认为这种做法是错误的。他认为如果能让捐赠者感到成为慈善项目的一分子，能够看到他们的钱用在哪里并得到受助者的反馈，那慈善活动的效果会更好。

那是2000年，互联网正逐步走进大众的生活，并显示了巨大的商业价值。易趣网首先出现，并给二手商品交易市场带来了革命性的变化。这种消费者与消费者之间的电子商务活动启发了查尔斯，他可以利用互联网把那些有着优质项目，却缺乏资金支持的老师和捐赠者联系起来，捐赠者可以自由选择他们愿意资助的项目。

查尔斯在实现他的想法时并没有进行任务分析，也没有制订详细的战略计划。他回忆道，"我不知道如何做一个关于网站的问卷调查，也不知道会面临什么。因为从一开始并不想建立一个全国性的组织。"他只是看到了同事们面临的一个问题，想到了一个解决方法，并去努力尝试一下。

回到那时，从没有人想过利用互联网来进行募捐活动，所以也没有可以参照的模式。最接近的模式可能是商业化的易趣网。一开始很多人称"捐赠者之选"是一个慈善版的易趣网（尽管如此，现在"捐赠者之选"更多被称为是公立学校的Kickstarter）。

查尔斯不知道如何建设一个网站；他不会编程，也没有相关经验。但他做过木工，他认为有两种技能可能有用。就像他说的，"做木工在某种程度上和建设网站很类似。你必须在策划阶段就全盘考虑各种可能的场景，以及各种要素如何嵌入其他要素。你必须找到所有这一切并且妥善规划。但不管你如何仔细计划，意外总会不断出现，事情总不可能尽善尽美。所以你必须时刻做出调整。"查尔斯喜欢这个过程，他迫不及待地投入网站建设中去。

他用纸和铅笔画出了网站的框架图。这是程序员编写代码的原型图。然后他通过黄页找到并花2 000美元雇用了一个刚来不久的波兰程序员。他愿意编写建设网站所需要的一切代码。

第一次循环只是一个非常简单的网站。在查尔斯的第一次尝试中，他的网站只展示了一系列需要资助的学校项目。整个网站只是一个长长的网页。后端建构甚至更加简单。查尔斯回忆道，“你需要向下滚动鼠标滚轮足足 15 分钟才能找到你希望资助的项目的老师和相关记录。”网页上也留有让捐赠者输入信用卡账号和密码的输入栏，完全没有加密措施。捐赠者可以输入她想捐赠的金额和信用卡号，但网站并没有进行扣款操作。查尔斯会把这些信息手动输入小公司常用的信用卡终端。通常，在捐赠者捐款发生 2 周以后，交易才最终成功。这对于一个最小可行化产品而言是一个很好的范例。网站并不完美，但它成功地让查尔斯和捐赠者之间建立联系，可以直接了解他们的想法。

查尔斯甚至利用母亲制作的梨子甜点来引诱同事们在他的网站上发布项目。他在教师休息室的桌子上摆放这些甜点，当有同事想要品尝这些甜点时，他就会说，“先停一下，点心不是白给的。如果你吃了这些点心，你就得上捐赠者之选，并在上面发布你和你的学生们最想实现的项目。”他的同事们非常乐意去网站发布他们的项目，但其中很多人承认他们一开始对通过网站募集资金并不抱有期望。果然，在最初的 11 个项目被发布后，查尔斯满心期待地等待奇迹发生，但最终没有收到捐赠者的任何反应。

查尔斯并没有真的想过找到事情的原因。他只把这个结果告诉了家庭成员和几个朋友。他的阿姨资助了其中一个项目，那也是仅有的支持。查尔斯决定自己出钱，匿名资助剩下的 10 个项目。由于他和父母住在一起，不用支付房租，所以他可以从教师薪水中节省下一部分资金。这是一个契机，当他的同事们见到剩下的项目都得到资助以后，消息迅速在布朗克斯的学校里流传，老师们开始在网站上发布数以百计的项目。

要想成功地建设一个更好的网站、创造可行的商业模式、吸引更多投资者，查尔斯还有很多要做。但通过这次简单尝试，他证明了老师们愿意参与这个项目。他自信地认为，如果捐款只需要耽误一丁点时间的话，捐赠者也会乐意加入。在下一章中我们将会看到，在捐赠者之选真正开始运作时，还有大量问题等待解决，但查尔斯通过他简易的尝试，项目已经得以快速启动，他得到了热情与承诺的额外优势。

查尔斯关于“捐赠者之选”的最初设想从一开始就有着稳健的基础。随着他的不断完善，商业模式与一开始也保持基本一致。但创新型低成本婴儿恒温箱 Embrace Warmer 的创业过程并不是这样。在漫长而复杂的开发过程中，简·陈和她的团队花费了多年时间，其间进行了许多改变，最终令项目得以开展。

拥抱挑战

简·陈和她的团队在斯坦福开始研发低成本婴儿恒温箱时，他们很清楚产品的要求。这款恒温箱必须构造简单、轻便易用，即使是一个新手妈妈或是助产士都能轻易使用。它还必须能够在没有电的环境下正常工作。尽管目标如此明确，在实现目标的过程中却充满曲折。

第一步是发明一个基础模型。简·陈和她的团队考虑了多种可能性，包括一种类似帐篷的装置。然后，随着项目期限的临近，他们做了所有好学生会做的事。他们泡上浓咖啡，准备足够的提神饮料，开始通宵赶工。最后，当太阳升起时，他们想到了一个希望很大的主意。产品很像一个微型睡袋。核心加热技术是一种储存在塑料袋里，可以相变传热的蜡质材料。在开水中加温后，这种材料可以保持恒温达 8 个小时。这个塑料袋将被放置在睡袋背部的一个小盒里，并且可以被重复加热。他们决定称这个装置为 Embrace Warmer。

这个设计满足他们一切的设计需求。它不需要电，移动方便，使用简单并且可以以极低的成本进行批量制造。这个产品的另一个优点是，它可以在全世界被使用，被不同文化背景的人所接受。因为全世界的母亲都会通过用被子包裹婴儿并将婴儿靠近身体来保暖。最后，睡袋可以通过开水煮沸进行消毒，从而保证无菌环境，这对脆弱的婴儿来说至关重要。

在学期结束时，他们已经在这个项目上进行了反复考量，认为他们的项目真正可行。其他人也同意他们的观点。他们获得了绿色回声协会(Echoing Green Fellowship)的资格，也赢得了一项斯坦福大学商业计划竞赛。团队最后成立了一个非营利组织，名为Embrace。

尽管他们有斯坦福学位和专家支持，还是有很多要学。在研发过程中强调的人性化使他们能够有效听取各种建议，并对项目进行许多改动。

他们知道直接在全世界推广这款恒温箱是一个愚蠢的主意，他们决定先专注于一个市场。在经过一系列研究后，他们发现在印度，每3个婴儿中就有1个体重过低，每年夭折的婴儿数超过100万。于是他们选择了印度。

在去印度进行了几次实地调查后，整个团队意识到如果要真正了解客户、制造厂商和销售渠道，他们需要搬到印度去。搬到印度的一个附加好处是，他们能够在产品早期的关键研发阶段更好地控制成本。如此他们既与客户更接近，成本也更低，这是一个双赢决策。

一到印度，他们开始会见所有能够给他们建议的人群。第一年他们与超过150名利益相关者谈话，其中包括医生、母亲、制造商和医院管理人员。

他们的第一个早期发现是，开水并不足以为恒温箱提供足够热源。在印度大部分地区，医疗系统并不是由大医院，而是由一个个只有一间房间、一个医生的小型诊所构成。这种小诊所要为整个村庄或一片偏远地区提供医疗服务。在这种小诊所里，当一个低体重婴儿出生后，医生多半建议将婴儿转入临近地区的大医院，但由于糟糕的路况，这个过程往往漫长而危险。要在漫长的转院过程中保温，开水远远不够。

于是他们决定开发两种版本。一种是可以用开水加热的家用版本，另一种是专为诊所和医院提供，可以用电加热。又一次，他们的决定带来了意想不到的好处。电加热版本的恒温箱解除了医生们对于安全问题的担忧，进而得到了他们的支持。另一个附加好处是，在当地，专业医生和医疗系统广受尊敬。随着医生们的认可，他们的产品也被大众所接受。分版本制造的另一个好处是，他们可以给医院版本的恒温箱制定更高的售价，赚取更高的利润可以支持家用版恒温箱的研发。因为这些原因，他们决定首先将医院版本的恒温箱推向市场。

通过将宝贵的时间用在实地与利益相关者交流上，Embrace Warmer团队极大地改进了他们的模型。

用户测试有很多好处

即使发明一种突破性的产品，如果无法将它批量制造并以合适的价格出售，那这个产品还是没有意义。要将产品推向市场，Embrace团队还有很多事情要做。他们面临着几乎所有新产品都会面临的海量质疑，更不用说他们要说服医生和母亲们将产品用于脆弱的婴儿。他们知道他们需要缜密的产品测试。首先他们用人体模型进行测试；然后他们用完全健康的婴儿进行测试；最后，他们在可控环境下，小范围地随机选择受困于低温的低体重婴儿进行测试。

所有的测试结果都显示良好。这款产品能够让婴儿体温保持恒定，并能让体温过低的婴儿恢复正常体温。事实上，Embrace Warmer 的表现已经优于现行条件下许多医院的水平。他们看起来已经超越了原先的目标。但还有很多困难在等着他们，他们需要更多改进。

知道什么可以外包

像很多初创企业一样，Embrace 只有有限的人力和资源。于是他们决定在擅长的部分实现精益聚焦，专注于优势部分，并将其他部分外包出去。他们的核心竞争力在于产品设计和战略制定，于是他们决定外包产品制造和销售环节。

在寻找合适的制造商的过程中，他们碰上了所有生产新产品的公司都会遇到的问题：量产是一个复杂而艰巨的过程。对外行来说，一切看起来都很简单。你只要把设计草图交给制造商，然后一个完美的产品就造好了。如果事情真那么简单就好了。生产过程有许多步骤，每个步骤都有可能出现各种错误。制造一种新产品更是如此。Embrace 团队要在克服语言障碍的同时，以极低的成本生产一种高等级、医用品质的产品。

简迅速意识到简单地把生产外包出去并不能奏效。她回忆道，“你需要对生产过程的每一个步骤进行微管理，确保产成品的品质达到你的要求。我们最后发现对有些产品构件而言，我们最好自己生产。”Embrace 开始自行生产一些复杂的产品构件，例如储存保温材料的小袋。尽管工作很困难，他们还是成功地以更低成本造出了比当地生产商质量更好的产品。Embrace 也自行负责产品的最后组装和质量管理。

这种转变的一个好处是，Embrace 获得了制造业的宝贵经验。因此，当他们在将来外包某些生产步骤时，可以更好地指导外包商完成工作。

花费精力寻找前期用户

在产品制造之初，Embrace 团队很早就锁定了他们的目标用户。印度的医疗体系由公立医院和私立医院共同组成。Embrace 希望他们都能成为自己的客户。但由于需要与相关政府官员打交道，在公立医院的推广过程要远远长于私立医院。为了能够及时占领市场，他们决定先主攻私立医院市场。团队对于印度医疗体系的了解使他们能够迅速制定销售策略，有效利用时间与金钱实现最初的成功。再一次，他们决定做出重大改变。他们的项目一开始希望为乡村地区的贫困女性提供婴儿恒温箱。但是他们发现应该瞄准最能够实现进展的那部分市场。

他们仍然需要一种能将恒温箱送到医生手上的策略。团队决定同时测试几种不同的策略。一种是通过医药代表，由他们定期拜访医生推销这款产品。另一种方法是与一个致力于销售和推广医疗器械的公益组织合作。Embrace 会资助公益组织成立一支具有奉献精神的销售团队。第三种方法是与印度当地的医疗器械批发商合作。最后，他们决定与通用医疗集团(GE)合作，GE 保证恒温箱的最低销量。根据合同，GE 获得了恒温箱在世界各地的代理权，但销售将从印度开始。这项协议有两个巨大的优势。首先,团队通过与一个广受尊重的伙伴合作收获了大众的信任,其次,GE 承诺的最低销量能让团队获得基本的利润预期。

他们在 2011 年夏天开始这个项目,尽管他们的策略经过周密计划,在接下来的一年里,他们还需要学习如何吸引大众关注并打入全新市场。

创造需求

对产品的需要与确定需求是两个不同的概念。很多人需要 Embrace Warmer,但创造需求是另一回事情。当你将一种新产品引入市场,并改变人们现行行为模式时更是如此。通常,要将产品需要转变为确定需求,公司需要投入大量资源和精力以吸引潜在客户。像 Embrace 这样将渠道销售托付给第三方公司,这个过程更加困难。Embrace 将要学到关于外包的另一个宝贵经验。他们的代销商并没有积极地推销婴儿恒温箱。甚至和 GE 达成协议也没带来团队预期的销量增长。所有的代销商都选择主推他们代理的其他产品,因为这些产品有着更高的边际利润。

Embrace 团队意识到,就像简说的那样,“你不可能在销售不同价格的产品上花费相同精力。你需要分配销售资源。”于是他们决定再次改变,创立自己的销售团队。一开始他们选择雇用刚刚毕业的大学生做销售,在印度他们被称为菜鸟。这是这个国家的惯常做法,而且看起来像是个好主意。因为他们刚刚毕业,所以薪水很低而且易于培训。在很多领域,雇用菜鸟员工取得了重大成功。菜鸟员工在药品营销领域也很管用,因为医生对他们推销的产品很熟悉。但对于出售一种新的医疗设备而言,他们需要更加成熟专业的销售员。销售人员必须说服医生确实需要这款产品,这需要技能、自信、经验。于是简明白他们需要再次改变。他们雇用了一群有经验的销售人员,专注于一些有影响力的目标医院的推销工作。他们开始获得订单。

好消息总是传得很慢

受益于团队的一个明智决策,医疗界的早期反馈非常成功。为了确保恒温箱能够被最早的客户妥善使用，Embrace 团队对使用恒温箱的医生和护士安排了一系列跟进访问。在访问中他们获得了大量在后续营销中可以使用的证明。

随后他们在产品推广中获得了一个幸运的突破。俗话说，幸运比优秀更重要。但你最好是幸运且优秀。Embrace 团队结识了印度拉贾斯坦邦的卫生部部长，他的女儿当时刚有了一个早产儿。他对这个问题有着切身感受。他理解恒温箱的概念和迫切需求。他决定在自己辖区的全部医院里测试这个装置。护士们反馈这款恒温箱非常好用。

这让 Embrace 能够在其他地区的公立医院里开始一系列小规模的试用活动。他们从这些试用项目中收集数据并进行研究。结果显示 77%的早产儿有体温过低现象。而在将他们放入婴儿恒温箱后，这些婴儿能够保持正常体温。

随着恒温箱在私立医院和公立医院试用项目中都获得有利数据，Embrace 开始在印度庞大的公立医疗系统中获得订单。在开始向私立医院推销产品 20 个月后，公司产品第一次进入了公立医院系统。卡纳塔克邦为下属的 258 家公立医院提供资金来购买婴儿恒温箱。到 2013 年底，这个邦的每家医院都有一个 Embrace 生产的婴儿恒温箱。

多米诺效应出现在 Embrace 身上，越来越多的邦开始采用他们的产品。

不同于设计革命采取了一系列缜密的方法，不断试验并从终端用户中获取反馈来逐步完善产品，最后投向市场。Embrace 通过实地工作来获取相同的经验，以开放的心态和坚定的决心来接受各种教训并做出改变。简·陈和她的团队、开发网站的查尔斯，甚至设计革命的资深设计师们的谦虚精神，使他们得以应对落后地区所特有的各种困难与挑战，并最终走向成功。那些想成功进入这些复杂市场的创业者们，不仅需要了解他们的终端用户，也要了解从生产到销售的全部环节。他们必须真诚地学习并熟悉这一切。

关键信息

1. 聆听

优秀的设计并非始于“做”，而是始于“听”。聆听的前提是认定使用者比设计者懂得更多。设计师应该进入目标用户的生活环境。通过大量与高质量的交流沟通来获悉用户到底需要何种产品、何种服务。这些需求如何排序以及它们对周围事物的影响。

聆听阶段的目标是尽可能全盘了解目标用户的痛点与希望。这一点不可能在实验室或办公室里实现。这要求我们不仅需要实地调查，也要整合从个人故事到高层观点一系列的庞杂数据。你必须辨别不同模式的数据，搞清它们之间的关系。

关键问题：用户需要什么？

2. 制造

在搜集、整合并衡量用户建议，建立清晰的目标图景后，你现在要撸起袖子开始动手干活了。

首先你要先制造一个最小可行化产品，与目标终端用户进行测试来验证你的假设。你的产品必须构思充分、制造合理，以免因为过于拙劣而被轻易拒绝。你的设计必须让用户清楚他们如何能从这款产品中受益。这样，他们更愿意介入你的测试，回答你关于产品的问题，帮助你进行改进。

关键问题：我如何才能尽快以低成本制造一个最小可行化产品，并让目标用户使用它们。

3. 迭代

你必须带着你的产品会失败的预期进行测试。有时在试验中你会发现这完全是一个错误的产物。你不仅需要乐于转变，也必须时刻注意任意一个转变的信号。接受你在成功前会遭遇很多失败的设想，并保持乐观，这在你坚持测试各种变量的过程中非常宝贵。

有多种不同的方法可以用来评估你的最小可行化产品的用户反响。在收到用户反馈后，你必须整理所有数据，找到可以改进的地方。在这个过程中，是根据用户反馈做出大幅改变还是保持方向继续前进，抑或是做一些微小的变化，往往需要经历反复权衡。在产品完善过程中，你会经历多次循环迭代。

关键问题：用户反馈如何改进最小可行化产品？

即使你的产品进入生产阶段，迭代过程并没有结束。你必须持续聆听、制造并迭代产品以确保能够更好地满足用户需要。

第三章　快速建造

“如果你要建造一艘船，不要召集人们去搜集木料，也不要给他们布置任务和工作，你要做的是激发他们对无垠大海的向往。”

——安东尼·德·圣—埃克苏佩里

根据牛顿第一运动定律，任何物体都会保持静止或匀速直线运动状态，直到受到外力作用。即使是一个设计完美的产品，如果不在它身上施加合适的外力，它永远不会成为一款成功的产品。这就是制造过程的关键——为一个伟大产品或伟大公司的诞生提供足够动力。

在这个阶段，最重要的因素是忙碌。

创业的许多细节需要在这一阶段落实到位。从产品宣传到设计再到销售。在产品的准备阶段，筹集资金、寻求支持需要很大努力。这对很多创业者而言是一个充满混乱的过程，他们千篇一律地会面临各种不同挑战和挫折。只要想想 Embrace 团队在这一阶段克服了多少困难。成功的唯一路径是以无与伦比的勇气、能量、激情与忙碌来筹集所需的资源、人力与资金。

许多伟大的产品没能成功度过这个阶段，因为他们的创立者没能在一开始带来足够的动力。对于那些在困境中依旧坚持，为了创造动力而尝试各种手段的创业者而言，有些方法和策略的确可以为他们提供帮助。

凭直觉忙碌

当斯科特·哈里森想到成立世界水资源基金会的主意时，他认为他可以在5年内解决水资源问题。然后他会开始下一个项目，解决别的社会问题，例如教育问题或健康问题。他的理想过于宏大，他没有从解决具体问题开始。他认为整个慈善体系已经破碎，他想要修复它们。

他找到了三个主要问题。第一，公益组织讲故事的能力通常很糟糕。第二，品牌效应充其量只能说一般。第三，公益组织运作的透明度太低。

斯科特的朋友们认为慈善就像一个黑洞——你将钱投入其中，但没有得到东西。他这一代人对此尤为不满。他们看着电视中埃塞俄比亚的饥荒，听着诸如"天下一家"之类的流行歌曲长大。慈善组织筹集了大量资金，但没人知道这些钱最后去了哪里。然后一些关于慈善捐款被滥用的消息被曝光。斯科特相信如果世界水资源基金会想要取得成功，他必须改变对善款去向的报道方式。

他决定为水资源项目募集的全部资金，将100％直接投入项目中去。没有善款会被花在基金会的运营上。世界水资源基金会的财务状况将全部公开。他想让人们看到他们的捐款花在了哪里。于是世界水资源基金会的工作人员会拍摄项目的实地照片，并安装GPS监控器。这样人们就能够通过谷歌地图轻松找到这些项目。为了能够确保他为水资源问题募集的资金和为基金会运营募集的资金完全隔离，他开立了两个不同的银行账户。

然后是基金会的标志和标语。他在经纪人生涯中认识到了品牌效应的力量。如果你多花一点钱，雇用一个图片设计师，你就能拥有更漂亮的邀请函，进而吸引更多人群的注意。他把这个经验也用到了世界水资源基金会。当时大部分慈善网站的外观和保险公司网站差不多。斯科特认为世界水资源基金会的标志没有理由不能像一个高端潮流品牌那样引人注目。他与图像设计领域的朋友一起，试图创造一个标志性的品牌。

他最后的秘密武器是通过照片讲述组织的故事。他能够通过他拍摄的照片，讲述慈航的故事。甚至连他那些对此不感兴趣的朋友也被他的照片所感动。他整理了他的照片，并将它们载入了他的笔记本电脑中。

现在他有了基本的计划。他的理想很宏大，但他现在还是睡在朋友的沙发上。他知道如果想获得足够的支持，得马上行动起来。

斯科特跑遍了整座城市，每天他要进行7～12次演讲。他坐在人群中，拿出自己的笔记本，向人们展示他拍摄的照片，诉说他心中的愿景。幸运的是，斯科特很擅长讲故事。但即使如此，任何一点支持，都需要他花费很大精力去争取。第一次成功来自他在慈航结识的一位好友——兰妮(Laney)。她是一位勇敢的女士，当她听说了斯科特的计划后，她决定助他一臂之力。她深信斯科特的计划会取得成功。兰妮飞往纽约，与斯科特一起工作而不收取任何报酬，晚上则和斯科特一样睡沙发。

不久，网站建设完毕开始上线运营，斯科特决定举办一场盛大的晚会来募集资金。再一次，他的经纪人经验帮了忙。斯科特利用他的人脉让一家俱乐部免费为他提供晚会场地。他把晚会日期定在2006年9月7日，那天是他的30岁生日。除去成本，晚会最后募集了15 000美元，世界水资源基金会终于能够在贫困地区打下第一口井。

第二个月，他和兰妮在中央公园进行了一场室外展览。展览展示了非洲受污染的水源，还邀请参观者体验了缺乏干净生活用水的感受。

斯科特回忆道，"一个朋友帮我建造了这些令人震惊的展示柜，我们成功地让印刷厂提供了折扣。我也发现了我该与公园中的哪些人交朋友。潘士奇物流捐赠了一辆卡车，我们也吸引了上百位志愿者来帮忙。"仅在最开始的2个月里，世界水资源基金会就在纽约有影响力的人物里产生了巨大反响。

接着一些年轻热情的新人加入了这个项目。维克(Vik)是一个能干的图像设计师，她为了加入世界水资源基金会而放弃了收入不菲的工作。贝基·斯特劳(Becky Straw)在哥伦比亚大学获得硕士学位后径直加入世界水资源基金会。志愿者队伍越来越庞大，不断为基金会活动提供助力。基金会开始在斯科特个人住所外的区域运作。他们从清晨一直工作到晚上 11 点，睡上几个小时，然后继续工作。斯科特继续跑遍整个城市，会见各式人群。志愿者们打电话给基金会，提供力所能及的帮助，例如印刷、交通、宣传推广等。一个组织的工作不能更忙碌了。人们发现这里的工作令人振奋，斯科特更是夜以继日地工作。一天，一群志愿者正在粉刷工作室的墙壁，为了防止涂料滴在地板上，他们在地板上铺了一块旧布。斯科特没有因为他的办公室在粉刷而停止工作。他直接掀起旧布，坐在旧布底下继续工作。

斯科特为了募集资金，会厚着脸皮反复拜访同一位人士。当时，他想在时尚杂志《嘉人》(*Marie Claire*)上刊登一篇文章，但《嘉人》的编辑始终没有同意。他直接跑到杂志办公室的大厅，拨通编辑的电话，说道，“我已经在你楼下的大厅里了，让我们聊聊。”最后《嘉人》杂志采访了斯科特，并刊载了关于世界水资源基金会的文章。斯科特有一种能力，他能够让任何愿意听他的故事的人自愿来帮助他。不管这个人是在电梯里遇上的，还是餐厅服务生。

斯科特的第一次会见就来源于一次随机推荐。一位关注斯科特邮件的名流带他一起去见一个在施华洛世奇工作的朋友。那位朋友又带他结识了萨克斯第五大道精品百货的一位副总裁。最后他成功说服了萨克斯开始一项全球性的环保运动。随机拜访是一种非线性的方法，效率低下。它只能缓慢募集项目所必需的资金，但在创业之初，这些资金非常重要。

世界水资源基金会一项关键筹资手段是以 20 美元的价格出售带有基金会标志的水瓶。这些水瓶设计优美，标签也不让人感到压抑。基金会的宣传语直接而富有鼓动力：购买这个水瓶能帮助一个人不断获得干净水源。水瓶的销量很好。由于当时世界水资源基金会还没有办公场地，贴标签的工作由志愿者们完成。就像日标那样，百分之百的捐款直接用于挖井。

1 年后，在发现瓶装水会给环境带来巨大压力后，他们意识到不必再销售水瓶。一个人的举手之劳能帮助地球另一端的另一个人获得干净水源的理念本身就具有足够的号召力。他们开始发起网络宣传。他们开始发送电邮和电子贺卡。每次节日都是发起宣传的好机会：情人节，母亲节，父亲节。他们为不同场合制定不同标语，这些活动非常成功。捐赠者的群体开始扩大，捐款由一点一滴慢慢汇聚成小溪，所有的捐款全被用于挖井。

斯科特承诺将大家捐赠的款项百分之百用于水资源项目。但显然，他们得支付基金会的运营费用。于是，他们开始单独为运营费用募捐。他们成功地说服一部分捐赠者再捐出一部分钱用于支付基金会员工工资，租用办公室。斯科特回忆道，“为了维持运营，我们从这里筹集10 000美元、那里筹集5 000美元。从董事会成员到一般的朋友。”但这远远不够。大约在项目开始1年半以后，他们遇到了一个大困难：他们快要破产了。尽管他们为水资源项目募集了大笔资金，但他们没能为基金会运营募集足够的捐款。

对于将全部资金投资于公益项目的模式而言，最大的问题是没人愿意为组织运营提供资金。特别是在基金会运营之初，在没能证明它可以成功维持之前。

斯科特说：“在这种情况下要维持运营几乎不可能，这就是为什么我没有再宣传百分之百的模式。”

当一个组织决定采用百分之百模式，它实际上要向两种截然不同的捐赠者募集资金。第一种捐赠者通常只为项目本身捐款，他们是大众市场数量庞大的个体捐赠者，他们会为项目捐赠小笔资金。第二种捐赠者会为基金会的运营捐款，他们通常是大捐赠者，每次会签发成千上万的支票。斯科特没有关注第二种捐赠者。他回忆道，“我没能唤起人们对于基金会运营和员工工资的注意。或许我太专注于水资源项目本身了。”

这样的结果是，在项目开展18个月后，基金会账户上的资金只够维持5周运营。除非奇迹发生，他们无法再坚持百分之百模式。许多信赖他们的人建议斯科特从水资源项目的账户暂借部分资金用于维持运营。他们认为随着基金会的影响力逐渐扩大，斯科特会吸引到足够的运营捐款，并偿还借款。但斯科特认为即使他从水资源账户暂时挪用一次资金，也会成为灾难性下滑的开端。世界水资源基金会会慢慢变得和其他慈善组织一样。更重要的是,他曾经向捐赠者做出过承诺,这么做会让他的信誉受损。

他决心宁可失败也不愿意改变基金会的运营模式。他竭尽全力为基金会募集运营资金,但他做好了失败的准备。他回忆道,“我准备好关闭基金会,将剩余款项用于挖井。我觉得我们只需要一次重启,然后下次采用非百分百模式。”

然后,他们被从破产边缘挽救了回来。我们可以称此为幸运的突破或对祈祷的回应。但这的确拯救了世界水资源基金会。这些突破看起来像是纯粹运气,但事实上这是热情和不懈推动的结果。

一天,在基金会运营资金即将耗尽之前,斯科特拜访了企业家迈克尔·比尔奇。比尔奇刚将他创立的个人社交网站 Bebo 以 8.5 亿美元的价格卖给了美国在线。他们坐下来谈了 2 个小时,斯科特使出浑身解数,但他并不认为这次会面特别完美。比尔奇看起来对他的项目并不感兴趣。

那天深夜,斯科特正坐在他的床上浏览邮件,思索如何才能拯救他的基金会,他收到了迈克尔的邮件,告诉斯科特他已经向基金会运营账户打了 100 万美元。世界水资源基金会可以活下去了。100 万美元捐款让基金会可以坚持他们的模式再运营 13 个月,同时寻找更多的大捐赠者。

有计划地忙碌

斯科特·哈里森和他的世界水资源基金会用经典的重复抽样,凭运气寻找捐赠者,并没有明确的商业计划。沃比·帕克的创立者们采取了不同的方法。他们进行了大规模的市场调查,很早就制订了详细的市场计划。为了应对市场波动,他们甚至在沃顿商学院学习了相关课程。尽管如此,你会看到,虽然他们的方法迥异,但他们都需要大量的动力。

在他们决定做眼镜生意 1 个月后,他们全部参加了医疗创业课程。这个课程只教授商业计划。

在课堂里,他们进行了深度行业分析,他们的发现令人震惊。一家名为陆逊悌卡的公司几乎垄断了整个眼镜行业。这家公司旗下有奥克利、雷朋、奥利弗·匹柏斯、派索、阿内特等知名眼镜品牌。它也授权拉夫劳伦、香奈儿以及你所能想到的其他时尚品牌生产眼镜。这家公司几乎垂直整合了整个行业,拥有太阳镜小屋、亮视、希尔斯光学、目标光学等眼镜销售品牌。锦上添花的是,陆逊悌卡还拥有全美第二大的视力保险公司。所以它同时生产眼镜,销售眼镜,授权制造眼镜,甚至通过为客户提供保险来支持他们购买眼镜。陆逊悌卡做得很棒,2013 年,它的收入超过 20 亿美元。

陆逊悌卡成功地把雷朋——一个 20 世纪 70 年代在加油站里以 30 美元一副价格出售眼镜的品牌的价格提升到了现在的 200 美元。即使考虑到通常膨胀因素,其中的利润依然惊人。这就是为什么一个依然使用着 500 年前技术的产品可以卖到 300 至 400 美元,在美国甚至比一部苹果手机还贵。一家大公司可以通过其强大的市场控制力轻而易举地将初创公司挤出市场。

另一方面,这次研究让他们发现了在价格竞争上的巨大机遇。陆逊悌卡不愿意降低它们的产品单价,因为这不符合他们的商业策略。是时候去颠覆这个行业了。

他们一开始计划以 45 美元一副的价格出售眼镜。但当她们咨询沃顿商学院的定价专家郎居·尤霍里(Ronju Johori)时,教授立刻否决了这个设想。他教会所有这些创业者都会学到的一课,无论你的成本分析做得再好,产品成本都会在投入实际生产过程中上升,不断削减你的边际利润,让你难以战胜竞争对手。所以你必须在生产中留有余量。

教授也告诉他们,即使他们能够在保持低价的同时赚取利润,消费者们也不会相信一副定价 45 美元的眼镜能够保持良好质量。如果他们定价过低,消费者们会认为这是一个骗局。定价过低会损害消费者对产品质量的信任。

这次会面带来一系列变革。他们决定做一个详尽调查来确定售价。他们向同学和朋友们发出了1 000多份问卷调查。事实上,他们发出了五六个版本的问卷，以此来寻找人们对于眼镜价格接受的上限。问卷调查在线上进行，主页上有一副带有标价的眼镜图片。调查只有一个问题，按0到10排序，请选择你想要购买这副眼镜的程度。他们发现购买意愿随着眼镜价格一起上升，当定价达到100美元时，购买意愿开始变得平稳，随后开始下降。于是他们决定把眼镜价格定在略低于100美元。但她们花了点时间讨论究竟该定价95美元、99美元还是96美元，抑或是96或98美元。最后他们决定选择95美元，这个数字看起来经过深思熟虑，而且从审美角度看比较有吸引力。

团队也研究了他们所欣赏的创业公司的商业模式，例如Zappos，他们从中学习了客户服务的细节，也仔细研究了苹果的设计。任何一个从曼哈顿苹果专卖店走出的人，当他步入街对面沃比·帕克眼镜店时，会发现他们在店铺设计理念上深受苹果的影响。他们也向市场营销系的每一个教授寻求建议。例如大卫·贝尔（David Bell）教授，他告诉他们客户口碑是最好的宣传工具。客户对于口口相传的信任度要远远高于电视广告，持续时间也更久。

简而言之，在项目开始之前，他们已经进行了大量研究，并创造了一个非常强大的商业模式。但沃比·帕克团队还是采用了重复抽样的方式。团队成员没有寻求外部投资，他们每人投资了25 000美元，均分了公司股份，以及作为公司的启动资金。他们在创业的同时继续研究生学习。在项目开始前的暑假，4个团队成员中的3个进行实习工作，确保即使公司发展不顺利，他们的简历也足够光鲜。即使他们的计划如此周密，在项目开始后，他们还是面临着一次风波，让他们一度疲于奔命。

沃比·帕克的创立者们决定先不雇佣员工，而是在内部分配公司工作。他们也决定不租用办公场所。尼尔的公寓将作为公司总部、仓库和订单履行中心。他们在4人中分配工作。安迪和尼尔负责建立产品销售渠道，杰夫和戴夫将专注公司运营。同时，他们将继续繁忙的商科学业。安迪和尼尔在产品设计和营销宣传上花费了很多时间，他们飞到纽约会见杂志编辑，也为网站绘制图片，编写文案。与此同时，戴夫和杰夫负责履行订单，与程序员努力编写网站后端程序来进行客户关系维护和财务管理。

完美计划

从一开始，团队就决定他们有限的资源集中于三件事：设计并生产产品，网站建设，以及通过公关来建立品牌信誉。

让公众关注一个新品牌有多种方法。他们可以在杂志上刊登广告，在公众媒体上进行宣传，或通过搜索引擎付费推广。由于他们资金有限，他们决定采用媒体手段。尼尔解释道，"我们认为这比付费广告更有效，也更便宜。"他们知道口碑的巨大价值，而大众媒体是形成口碑的最好方式。无论广告构思多么巧妙，都不会有同样的效果。他们有自己的愿景而不只是推销一个产品，他们相信媒体会愿意加入。

尼尔对于公共关系有一定了解。他的妻子管理着一家成功的珠宝公司，之前她在圣罗兰的公关部门工作。但这次工作是他们当成事业去经营的。作为一名商学院学生和前市场咨询师，他们慎重对待此事。他们先后咨询了 40 家公关公司。40 家！

最后他们决定与帕特里克·布拉德柏里公司合作。他们欣赏老板布拉德柏里·刘易斯的个人风格。他已经与许多杂志编辑建立了良好的个人关系，而不像有些公关公司那样去不停地骚扰杂志编辑。帕特里克公司替他们安排了与《绅士季刊》(*GQ*)和 *Vogue* 编辑们的会面。他们进入了高度忙碌状态。最后他们不仅向编辑们宣传了自己的品牌，还让他们同意在 3 月刊中刊登公司成立的消息。能够同时在最大的女性和男性时尚杂志中获得曝光，这对于一个初创品牌来说是一项巨大的成就。

同时，整个团队在公司运营前还有大堆工作要做。一个大问题是，就和很多公司一样，沃比·帕克的网站建设速度要慢于预期。(不开玩笑，在我多年的访谈中，我从没有见过一个公司网站按时上线)然后他们突然接到了《绅士季刊》的电话，询问他们为什么杂志第二天就要发行了，公司的网站还是无法显示。他们不知道这个问题何时能够解决。尼尔回忆道,“我们电话联系了网站开发,对他说,听着,我不管网站里有什么,现在就给我上线。”他们并没有告诉朋友或家人公司网站已经上线,因为他们不知道网站能否正常运转。他们不想由于网站问题显得尴尬。网站终于及时上线,而同时网站开发还在逐个寻找并排除漏洞。

2 月 25 日,3 月刊的《绅士季刊》正式发行,订单开始慢慢到来。朋友和家人们开始打电话来祝贺:“嗨,你们公司的网站上线了,你知道吗?”一开始网站运行正常,但在周末,越来越多涌入的订单数据令网站不堪重负,随后引起一片混乱。

沃比·帕克模式的一个关键部分是在家试戴服务,公司允许顾客在家挑选 5 副镜框。在家试戴的优势是顾客可以根据家人意见做出更明智的选择,劣势则是他们每出售一副眼镜,必须确保手头有 5 副存货。最初的火爆远远超出他们的预计。他们被顾客的反应所震惊,他们即将成为一个创业者能够面临的最艰难问题的牺牲品——库存管理。他们意识到他们的库存即将告罄,而他们无法满足余下的订单。

团队聚集在尼尔家,他们围着餐桌,为应对方式展开激烈争论。是让订单继续涌入,还是暂停在家试戴系统,直到几个月后他们有足够的库存时再恢复。当时的气氛十分紧张。戴夫在他的手机上设置了自动提醒。每次有新订单时,他都会得到通知。他不断地接到提醒。他对伙伴们说,“兄弟们,在过去的 5 分钟里我们增加了 10 多个订单。”订单出现的速度还在加快。他们必须马上做出决定。

他们的核心价值观之一是以己之道,还施彼身。他们决定不做无法实现的承诺。他们认为如果他们自己就是顾客,他们情愿被诚实地对待。

他们考虑过继续接受订单的同时告诉客户,他们可能要等上好几个月才能拿到产品,但最后他们决定不让客户有一丁点被欺骗的感觉。如果他们只想与客户建立短期、交易性的关系,或许他们可以采取这种方式,也能获得继续的流动资金。谁知道下个月他们能有多少订单呢?但他们希望与客户建立长期关系。尼尔解释道,“我们要成为一家百年公司。我们希望与客户建立终身合作关系。你只要尊重客户、信任客户、坦诚对待客户就能够实现。”

于是,他们做出了一个艰难的决定。在他们的网站上线几天后,沃比·帕克决定暂停在家试戴服务。他们在网站上向客户解释了他们的境况,告诉顾客他们对市场的热情反应受宠若惊,现在镜框已经处于断货状态。顾客们可以留下邮箱地址,当镜框到货以后,沃比·帕克可以邮件通知他们。这是一个明智的决定。当他们重新进货后,业务会回到正轨。

他们在客户服务方面也采取自助方式。他们利用谷歌语音将客户电话接入他们的手机。当有客户电话呼入时,所有人的手机都会响起,第一个接电话的人会首先处理客户问题。他们坐在尼尔的公寓里,所有人的手机都响个不停。他们为了应付客户电话,不得不放弃部分课程,连夜回复客户邮件。眼镜销量继续增长,他们在几个星期内就实现了一年的预期销量。

与此同时,他们由于成绩问题面临退学的危险。于是他们决定雇用第一个员工。马拉·卡斯特罗是他们一个同学的妻子,沃比·帕克雇用她来处理客户服务问题。他们宣称这份工作每周需要工作 20 个小时,但第一个星期她就工作了超过 90 个小时。1 年后,她将领导一个 80 人的团队。

由于一个小小的奇迹,这帮人最终顺利毕业。他们经过 2 年多夜以继日地疯狂工作,不久之后,他们终于有一支员工团队,并搬入曼哈顿联合广场第十六大道中一个真正的办公室。

战胜烧钱率

Method 的创立者们在还没有生产出第一件产品,也没有想好他们品牌的名称时,就立志要击败生活消费品的巨头。他们只确定他们的产品将是一种通过科技手段而不是蛮力来达到清洁目的的清洁用品。他们花了很长时间来决定品牌名称,但毫无成效。然后一天,当艾瑞克正在刷牙时,他突然喊道,“Method,”而这时牙刷还在他的嘴里。

亚当也喜欢这个名字,品牌的名称就这么定下了。

现在他们有了产品理念，也有了品牌名称，就缺产品了。他们所取得的现象极成功让公司的前景看起来一片光明，但在创业之初，尽管他们业绩很好，依旧受到了大量质疑。他们受到天然护理产品品牌艾凡达的激励。艾凡达的出现激发了护发产品市场对于天然产品的需求。他们搭了个便车，把自己的产品称为“家居用品中的艾凡达”。这个口号号召力足够，能够吸引不少潜在支持者中的主力。但最终人们还是不能相信两个毫无经验的毛头小伙可以在清洁用品市场战胜诸如宝洁之类的巨头。绿色市场的理念似乎只能吸引那些不切实际的改良家放弃常规产品。当宣称他们的产品有着更好的设计时，人们说在洗手或洗碗时，大家只会对产品功能和价格感兴趣。

他们无法预先获得投资，为了建造第一条生产线，他们依靠借来的技能和经验。他们向律师、会计和供应商提供公司股份而不是现金。回首那段时光，艾瑞克回忆道，“这一阶段的关键是吸引其他人认同你的理念。让你的目标和愿景感染他们，让他们乐于冒着没有回报的风险一起奋斗。”

他们的第一次忙碌是找一个化学家来整理他们的配方。亚当在他的公寓里调了多种清洁剂，试验各种天然成分。房间里堆满了贴着不可饮用标签的啤酒瓶。最后他找到了一些令他满意的配方，但他意识到需要一个专业帮手。

同时，艾瑞克负责品牌推广和设计。他说服了当地一个图像设计师为他们设计商标，作为回报，他可以得到一部分公司股份。当产品配方准备好时，他们印好商标，打算开始生产产品。经过 6 个月的工作，他们有了第一条生产线，但无处销售他们的产品。现在真正忙碌的时刻到来了。

他们开始挨家挨户地拜访独立杂货店。他们清晨出现在小店门口，进行约 30 秒的推销。第一家下订单的是加利福尼亚州柏林汉姆的莫里·斯通集市。在接下去的几个月里，他们开着亚当母亲的车，走遍了旧金山地区的每一家杂货店。不久，在湾区有 30 多家商店将 Method 产品摆上了货架。他们亲自送货上门。

他们知道如果想要这些杂货店继续进货，甚至让连锁店来采购他们的产品，他们就必须确保产品能够卖出去。于是他们开始一系列店内促销活动。通过促销活动，他们不仅获得了客户需求的第一手资料，也让他们明白了杂货店是如何经营的。他们的努力逐渐有了回报。

这时他们快耗尽了投资的资金，如果他们的公司要活下去的话，他们必须通过向大型连锁商店出售产品来扩大销量。现在他们有了第一手客户反馈，销售情况验证了他们的理念存在市场。他们觉得可以会见那些大型连锁商店了。但以目前的生产规模，他们无法满足大批订单。他们还必须建立合适的运输体系。他们不可能开着旅行车给连锁商店供货。这些都需要钱，而他们没有钱。

于是他们决定向所有愿意相信他们的人募集天使投资。从实际情况看，当时的天使只有他的朋友和家人。回首过去，他们认为家人和朋友的支持至关重要。这不仅缓解了他们的财务困境，也提供了前进动力。“许多创业者在向家人和朋友筹钱时都犹豫万分，”艾瑞克说道，“事实是你别无选择。在证明你能够成功以前，人们能赌的只有你。毫无疑问，愿意在你身上下注的只有你的朋友和家人。当然，向亲近的人借钱的一个好处是这给了你更大的压力。你从努力奋斗不让自己倒下变成努力不让你的家庭倒下。这逼着你不遗余力地去奋斗，以免在圣诞晚餐时说：‘对不起，奶奶，我把你借我的10 000美元都亏光了。’”

经过向朋友和亲人筹资，他们达到了创业中的又一个里程碑。他们成功地将产品卖到了南加州地区的拉尔夫连锁店和西雅图地区的 QFC。他们的买家从 30 增加到了 200。他们赚了不少钱，但同时他们正以更快的速度消耗资金。这是最难面对的挑战，降低成本的同时提高你的销量来确保利润。他们极度缺乏资金，于是他们决定接触风投。但没有一家风投机构愿意支持他们。

现在他们透支他们的信用卡，最后他们每人欠了约 10 万美元。如果债务压力没有那么大，艾瑞克的女友或许不会抛弃他。但这还不是最糟糕的事：他们在半夜醒来，为如何偿还贷款以及亲朋好友的借款而发愁。

他们的供货商开始将他们列入信用冻结名单，这会迫使他们停止生产。他们决定争取一笔过桥贷款。

接着他们从拉斯维加斯一家赌博公司获得了一笔过桥贷款，这在危急关头为保住公司助了一臂之力。

他们的产品开始进入一些地区性连锁店，但烧钱速度依旧快。只一个月后，他们就发现流动资金又要耗尽，又回到现金短缺的局面。他们需要筹集更多资金。他们又会见了一系列潜在投资者，终于获得了第一笔大额投资。一家风投公司向他们投资了 50 万美元。他们认为这是一个巨大的里程碑，值得好好庆祝一番。当他们出去吃饭庆祝时，他们发觉他们的信用卡被拒绝了。幸运的是，他们认识餐馆老板，最后打了张欠条。

风投公司承诺如果他们能在接下来的 90 天里把产品摆上 800 家商店的货架，他们愿意再投资 50 万美元。这意味着在 3 个月内扩张 400%。他们开始四处推销展示他们的产品，但销量距离目标仍有差距。他们互相激烈地竞争，销量逐渐上升。奇迹般地，他们在最后关头达到了目标。

他们还是无法停止烧钱的脚步。他们知道是时候迈出关键一步，登陆全国性的连锁商店。他们的目标名单上只有一家商店，只有这家商店才会与诸如托德·奥德汉姆(Todd Oldham)、迈克尔·格雷夫斯(Micheal Graves)之类的顶尖设计师合作，将设计精良的产品以合理价格带给大众，那就是塔吉特公司(Target)。他们努力向塔吉特推销产品但没有回应。最后他们的朋友托朋友，塔吉特的采购主管同意与他们会面，并在会面后同意让他们对 Method 产品进行一次快速的介绍。

他们得到了梦寐以求的机会，他们十分自信，但正如他们描述的结局，"我们的机会比地狱里的雪球还要小。至少塔吉特的部门主管在好奇地浏览了我们的材料后是这样评价的。突然说我们的产品平淡无奇，也没有品牌吸引力。经过几个月的紧张等待，我们不敢相信自己的耳朵，采购部主管似乎因为我们浪费了他的时间而感到生气。"

他们一度实现目标随后在关键时刻受到重大挫折。许多创业者或许会感到意志消沉，他们也同样如此，但迅速振作。他们开始进行新的忙碌，即将实现一项真正伟大的成就。他们决定听从塔吉特采购主管的回应，创造一款更加出挑的产品。这是一项真正突破性的设计。

卡里姆·拉希德（Karim Rashid）是其中一位设计主创，同时也是世界上最受尊重的产品设计师之一。他的作品被多家博物馆收藏。他对民主设计非常感兴趣，致力于将顶尖设计应用于量产产品。亚当和艾瑞克很关注他的作品，参加过几次他的讲座。现在他们决定去拜访他。

一天，艾瑞克刚向卡里姆发送了一封邮件，邮件内容让关注民主设计的卡里姆很感兴趣。艾瑞克在邮件中写道，“卡里姆，我们想重新设计我们的标志，这个标志将摆放在美国每一个家庭的水槽上，我们希望由你来设计这个标志。”卡里姆认为这是一个有趣的提议，他从来没有设计过只卖3美元的产品。令亚当和艾瑞克吃惊的是，卡里姆接受了他们的邀请。

招募明星设计师的代价并不便宜，由于他们的现金流持续紧张，他们必须说服卡里姆接受特别条款。最终他们与卡里姆达成协议，用现金和公司股票支付报酬。现在他们的产品后面有了明星的名字，突然Method产品变得更有吸引力了。

当艾瑞克的一个朋友邀请他们与塔吉特的市场部主管会面时，他们决定抓住这个机会。塔吉特的采购部主管曾经否定了他们的努力，他们发现有时当你不能从大门进入时，你必须从窗口爬进去。当塔吉特的市场部主管听说卡里姆也参与了设计时，他很快确定了会议时间。塔吉特垂涎卡里姆的作品已久，但他们并不想要Method。塔吉特要的是卡里姆，Method产品看起来只是搭了个便车。

这是Method反败为胜的机会。这次会面会决定他们的模式最终是成功还是失败。他们决定将一切投入这次赌局。压力巨大，在会议开始前，拉希德的保龄球瓶型肥皂盒正好送到。在去路演的路上，艾瑞克将肥皂装入肥皂盒里。

更令人紧张的是，猜艾瑞克在步入会场的时候见到了谁？在上次会议上曾经枪毙了他们产品的采购主管。他双臂交叉坐在会议室里，目光紧盯着艾瑞克。他看起来并不高兴。当艾瑞克进行演讲时，采购部主管的存在给会场带来一层阴云。没人对演讲内容做出一点表示，艾瑞克感到他紧张得快要爆炸了。最后他拿出了新设计的肥皂瓶，并在会场内传看。当采购主管拿起肥皂瓶，挤出一股肥皂液时，他大声说道，"上帝啊，我也想买这款产品。"艾瑞克知道的第二件事是他和塔吉特签订了一项协议，先在芝加哥和旧金山地区的 100 家商店里销售 Method 产品，如果销量达到目标，塔吉特会在全国范围内铺货。

现在仅存的问题是这些产品必须在 3 个月内上架。艾瑞克和亚当谈道，他们的激动瞬间变成了担忧。他们在会议上展示的肥皂瓶只是一件样品，即使现在投入生产，他们也不能在规定时间里生产足够多的产品。他们又得忙碌起来。

当晚亚当搭乘飞往芝加哥的红眼航班，会见了他们的生产主管。两人尽一切努力，调动在芝加哥的人脉提供帮助。如果有谁没有回复他们的电话，他们会在第二天出现在他面前请求帮助。最后，他们成功地在规定期限之前生产了足够多的产品。

2002 年 8 月，Method 的产品出现在了塔吉特的测试卖场里。第一批顾客的反应令人振奋。顾客们写信赞扬这款产品，还询问 Method 是否生产纯天然配方的洗发水和洗衣剂。但与此同时，问题也开始逐渐显现。有些消费者会打开肥皂盒，闻皂液的味道，然后研究如何从这个不寻常的瓶中挤出皂液，这把货架弄得一团糟，产品销量开始下降。

于是这群人径直来到商店，清理货架，分发优惠券，与商店经理套近乎。他们甚至买下一些店里被下架的产品，在附近的停车场分发产品以吸引顾客。他们的全部努力都没有遏制销量下降的趋势。到了年底，他们没能实现销售目标。一切看起来都结束了。但就像许多成功的创业公司一样，他们将会有一个十分幸运的突破。

塔吉特任命了一位新的采购主管，她很欣赏 Method 产品。她在浏览了相关数据后认为当初给 Method 定的销售目标太高了。她也发现 Method 吸引了更优质的客户来到店里，进而提升了利润率。于是 Method 最终进入全国市场。这个突破使他们摆脱了资金消耗困境，开始高速发展。

简单和真诚能够创造奇迹

查尔斯·贝斯特白天上课，晚上则忙于建设他的捐赠者之选网站，相当于从事两份全职工作。他不想离开教室，成为又一个在教了两年书后草草离开的常春藤毕业生。继续教书对于网站持续成长有几个好处：他可以在业余时间运营网站，他能获得持续收入，不至于落得财务破产，同时作为一名老师，他能获得老师和媒体的信任。

老师们不断收到能够帮助他们的建议，但这些主意通常都是由没有教学经验的人拍脑袋想出来的。媒体喜欢一个布朗克斯教师独力开展运动的故事。继续教书的最后一个好处是他能够拥有充满活力且免费的劳动力：他的学生们。查尔斯的第一次宣传——一次写信活动是由他的学生帮助完成的。

查尔斯保存了他的高中和大学时的校友录。每天放学后，他的学生们都志愿留下来为他写信，这项活动持续了 3 个月。他们一共手写并寄出了2 000封信件。查尔斯回忆道，“我的教室变成了一个巨大的邮件收发中心。”这次活动为网站募集了30 000美元捐款，这笔资金为查尔斯的网站提供了最初的动力。

老式请愿信的作用在当今这个数码时代经常会被我们忽略。查尔斯却让写信成为他的项目的核心。在最早的 11 个项目得到资助后，老师们让学生们写感谢信，拍摄项目照片再寄回给捐赠者。他们甚至会将收据复印件寄给捐赠者，让捐赠者看到他们的善款被如何使用。这样捐赠者才能够看到捐款的影响。这是一种截然不同的慈善活动，透明而充满人情味。

捐款稳步增长，但查尔斯却感到心有余而力不足。“在第二年有一次，”他说道，“工作量已经大到无法处理，我当时已经决定如果得不到天使投资，让我能够雇一个员工来专职运营网站，我要关闭网站。”再一次，查尔斯开始忙碌。他有一本有 100 家基金会的黄页，他逐个电话联系了这些基金会，留下语音信息。在100个电话中，只有一家基金会给了他回音。但这是一个好基金会——高盛基金会。他们决定投资一小笔钱好让查尔斯能够雇用一名员工。这时距离查尔斯给自己制定的期限只有三个星期。这个突破让查尔斯能够继续他的事业，改进网站并不断扩大发展。

关键信息

每个创业者都必须有成为一名推销员的决心。推销自己的产品或理念会占据大量时间。特别是在公司早期，但推销愿景的工作永远不会停止。这项工作不能被外包出去。在一个又一个成功项目的故事里，成功与失败的细微差距就是源于最后一次推销，一个明显轻率的主意，以及充分利用所有人脉关系。创业者们通常不知道幸运的突破点何时会降临。

创业者在动员家人朋友提供帮助时不能犹豫不决。我们可以理解一些人不愿意向亲朋好友借钱。但他们的帮助非常必要。在很多案例里，这些资金提供了开展业务的基础。但资金只是驱动力的一部分：创业者必须用好人们的时间和热情。我从没有见过一个成功的创业家不是忙忙碌碌的。

由于行业、产品、市场和环境不同，忙碌的表现形式多种多样。但他们最终都是为了推广未来的愿景，邀请人们一起为这个愿景而奋斗。

1. 推销愿景

你建立的组织的愿景可能要经过一段时间才能引起人们的关注。推广环节是其中至关重要的一部分。人们肯定会有不同反应，包括完全的质疑。他们会给你一系列理由来让你放弃努力。但他们也可能会为改进你的计划提供一些好主意。

推销你的愿景需要韧性和热情。在吸引投资的过程中，一个关键要素是有效展示你的产品或服务是如何改善人们的生活，进而引出一种更好的模式。这是创新所具有的一项优势：关键的潜在支持者想要知道他们能够让社会更美好。你的理想越宏大，你的愿景就越有说服力，人们就更乐于提供帮助，无论他们是你的亲朋好友还是陌生电访的投资公司。

关键问题：如果我们成功了，会给世界带来什么变化？

2. 邀请合作伙伴

社会创新者并不能独力把他的愿景转化为现实。在这个过程中她必须邀请合作伙伴。他人的管理经验、人脉关系往往对一家创业企业度过早期发展阶段的严酷考验非常重要。这些帮助可能是完全免费，也可能只需要一点未来的公司股票作为回报，创业者必须经常思考他人能给自己带来何种帮助，并且在他们可能解决自己面临的困境时，毫不犹豫地去联系他们。甚至最不可能实现的请求也可能会被答应。特别是当创业者自己可以帮助他人实现目标的时候。有理想的社会创新者永远不该低估潜在帮手的数量。

关键问题：当他人协助你实现愿景时，他们能得到什么收获？

第四章　一诺千金

对于任何一个创业者来说，无论是营利机构还是非营利机构，筹集资金是最耗时同时也是最具挑战性的工作。在美方洁的例子里，即使产品已经达成巨大的销量，筹集资金依旧是个难题。在世界水资源基金会的故事中，在基金会创造了巨大的社会影响后，创始人也同样会为募资而头疼。

单纯的盈利模型有它独特的挑战。诸如本杰瑞冰激凌、伯特小蜜蜂、巴塔哥尼亚、全食超市、美方洁、沃比·帕克等引人注目的利润驱动型公司都证明了当一个公司能够创造巨大的社会影响时，它们能从中赢得更多的业务，获取更多的利润。越来越多的投资人不仅希望他们的投资能在财务上得到良好的投资收益，同时也能有良好的社会投资报酬。即他们投资的项目能给社会和环境带来正面影响。但这并不是说只要有了良好的愿景，吸引投资就会变得容易；也不是说满足此类投资者的难度要低于那些只关注赚快钱的投资者。在很多案例里，为了同时满足财务、环境和社会目标，项目难度会变得更大。

对于正在寻求投资的社会企业而言，投资人与社会创业者必须就企业的社会表现与经济表现达成清晰的协议。企业在追求社会效益的时候可能（但并不一定）会与利润最大化的目标相违背，并最终导致投资人与创业者之间的长期角力。投资者并不总是适合投资的项目。不同背景的投资人会要求不同类型的回报。一些有影响力的投资者是企业三重底线

(经济底线、环境底线、社会底线)的强烈支持者,其他一些投资者则认为这种思维存在着根本缺陷。

促进一种新的资本制度

艾伯特·温格(Albert Wenger)是USV(Union Square Ventures)的合伙人,他曾经投资了一些最成功的科技公司,包括推特(Twitter)和汤博乐(Tumblr)。他是社会创新在投资界的忠实拥趸。他认为他只是投资于科技企业而不是社会影响,但他同时强烈支持社会企业。他认为尽管随着科技创新,目前的资本制度正变得越来越高效,能够在世界各地以越来越低的成本制造和流通从电脑到服装的各种商品;但它不能解决目前我们面临的最大社会问题。"科技创新的问题在于它并不是我们面临的最基本挑战,"他说,"目前最严峻、最基本的难题是,如何能够让人们接受教育和拥有医疗服务、帮他们摆脱贫困,同时保护好地球环境。"他提出我们必须探索一种新的资本制度,这种制度将我们的注意力从科技创新转向社会创新。

温格指出现行资本制度的一个关键问题是短期效益主义:对于创造短期股东回报的要求导致企业忽视了长期发展与战略,并让股东们过早地榨干了企业价值。聚友(MySpace)的并购就是一个典型的例子。新闻集团自认为以一个高价收购了聚友,并试图尽快赚回投资。于是他们为网络服务制定了高昂的价格,最终导致了聚友的没落。

经理人们可能只为公司工作5~10年,投资人们可能想在最短的时期内退出。短期效益最大化与企业长期资产增值的割裂是营利企业面临的最大挑战。这对于社会企业甚至更加困难,因为他们除了以上挑战,还必须应对社会效益与经济效益的冲突。温格强调,在一个社会企业里,经理人、董事和股东必须协调各种目标,排除短期效益的干扰,为公司健康发展制订长期计划。

当利润需求凌驾于公益目标之上

另一位有影响力的投资人大卫·S. 罗斯(David S.Rose)则对社会企业面临的挑战有不同看法。他既是一位天使投资人,同时也是一个企业家。他创立或投资了超过 75 家企业。他坚持认为如果创业者坚持同时追求社会公益和经济利益,企业很难获得成功。“当你的公司开始运转,你必须在社会利益和经济利益之间做出抉择,”他说道,“吃掉蛋糕的同时还保留蛋糕是一个很美妙的设想,但在现实世界,事物更多时候只能向一个方面发展。要想同时达到双重目标几乎是不可能的。创立一家企业本身就是一项艰巨的工作。考虑到即使创业者们只考虑经济利益,大部分企业最终没能成功实现,在盈利以外设定第二目标的挑战性不言而喻。”

大卫·罗斯相信经营企业的同时能给社会带来利益。但他认为要想实现这一点的唯一方法是将盈利目标置于公益目标之上。事实上,他投资并担任了 Porti Familia 的董事长。这是一家为秘鲁首都利马的穷人提供先进医疗服务的企业,显然,他们为社会做了不少贡献。这家公司的其他投资者包括一些世界上最具影响的投资基金,例如睿智基金(Acumen)。罗斯说,“我们都认为这家公司在持续创造社会效益,但我投资它并不是为了做公益——要这么做,我捐款给慈善基金就可以了。我只是通过做好事来赚钱。”

福利企业的好处

确保你的投资人和你的公益目标一致的方法之一是创立一家福利企业。福利企业是社会企业的一个新的分支。它有两个显著特征。第一,企业目标是同时追求经济效益、社会效益和环境效益。第二,福利企业在社会和环境表现上有更高的透明度和责任感。

罗恩·科德斯(Ron Cordes)是影响力投资的引领者之一。他在投资界深耕已久。他曾担任资管规模超过 210 亿美元的通用金融公司的联合董事长。他解释了投资福利企业的基本原理。他指出在大部分投资案例里,即使有多位投资人联合投资,投资人往往没有见过对方。他们只是股权结构表上的名字。我们无法了解其余投资人投资企业的动机。典型情况下,为了确保投资者有一个共同目标,公司的 CEO 需要把他们聚到一起。

选择成为一家福利企业则向投资者们发出了明确信号,公司将同时追求经济效益和社会效益。科德斯说道,“在这种情况下,你的目标明确地写在公司章程里。”在成长过程中,一家公司不可避免地会遇到挑战,科德斯指出,“让企业发展壮大从来不是一个线性的过程,经常是进两步,退一步,还时常会发生类似 2008 年的崩溃。”但发展受阻时,投资者对公司社会目标和环境目标的支持会降低,公司会面临搁置公益目标的压力。“这种事的确会发生,”科德斯说,“如果公司的目标没有明确成文,实现公益目标的设想就只能寄希望于投资人的善意。”

免费资金的真实成本

由于与投资人之间可能存在潜在冲突,有些创业者会倾向于去选择纯粹的慈善投资。但慈善投资人也有他们的问题。尽管慈善资金看起来没有要求,但这些免费资助背后有着高昂的代价。

慈善资本的成本可能要远远高于商业资本。慈善资本的主要成本就是时间。很多我采访的创业者每周都要抽出 40%的时间用于募集资金。无论是员工或是创业者亲自去募资,大部分花在募资上的时间都没有确定的回报。花上 20 个小时进行一项详细的资金申请,最后什么收获也没有的情况非常常见。即使获得了慈善资金,他们也不得不花费宝贵的时间去监控和反馈资金的使用情况。时间是慈善资金的关键成本。持续花在筹集资金上的时间与花在市场策略上的时间不同,并不能给相关人带来效益。因而,由于不断忙于筹集资金,企业的相关人反而受到了不利影响。

慈善资金往往有着苛刻的附加使用条款。捐赠者或许会想资助一个项目，而这个项目与企业的目标并不完全一致。但为了获得资金，创业者会接受这些条款，最终让企业偏离既定的目标。此外，大部分慈善家都不愿接受失败，他们只愿意资助那些已经证明了可行的项目。因此，大部分慈善组织不愿意冒险去资助一些高风险的新项目，因为一旦失败，可能会减少慈善组织金主对自己的投资。慈善资本回避风险。

世界水资源基金会的哈里森·斯科特这样说道，“在追求利润的世界里，我认为你可以更加容易地打破束缚，因为这不是捐赠。你可以花上500万美元，最后发现‘原来这个方法并不可行’。我们(接受了捐赠)则有着不同的要求，一般一家初创企业可以尝试5个方案，只要有一个最后成功就能过关。而对于使用慈善捐赠的人而言，需要5个方案全部成功。”

设计革命的克里斯塔·唐纳森也强调了这种要求会严重遏制试验，而不断试验对于创新至关重要。“传统的非营利组织在运营中倾向于事先做好全局计划，随后在一次尝试中投入大量资源。一旦开始就很难再对方案做出修正。在大部分情况下，如果你没能实现目标，几乎没有投资者会说：‘没事，我再给你一笔钱，再试试别的新主意。’”

考虑到以上困难，本章将会介绍一系列精巧的筹资模型。其中许多模型已得到了本书中列举的创业者们的验证。每一个都值得创业者和初创企业去考量。所有技术的成功关键在于，创业者必须能够说服投资人、捐赠者或客户，让他们相信自己将恪守对公益的承诺，同时提供优质的产品和服务，进而促使投资人毫无保留地支持。因此，解决筹资问题的关键是要找到和你有着相同愿景的投资人。

利用众筹的优势

众筹是最近几年逐渐兴起的一种筹资方式，即通过网络平台，向许多人募集小额资金。

Soma水杯的创始人迈克·德尔庞特(Mike Del Ponte)很了解众筹。他成功地通过众筹网站Kickstarter和天使投资人，为自己创立的公司募集了足够的启动资金。众筹活动最好在产品设计阶段发起，这时创业公司刚刚生产出一件优秀的原型产品，正需要资金投入规模化生产。Soma的情形就是这样。迈克不仅通过Kickstarter上的众筹项目募集了大量资金，也成功地借此吸引了传统投资人的注意。

众筹项目的成功关键是要同时动员身边的人和大众媒体。媒体值得认真对待，它们有着庞大的阅读群体，广大的覆盖面和相关听众。但你身边的朋友可能比媒体机构更具潜力。让你的朋友们真心为你的产品感到兴奋并成为它们的忠实拥趸。要做到这一点，你需要在项目开始之前征求他们的意见，让他们在你的项目中找到归属感，这将让你的朋友们更乐于见到最后的成功。令人吃惊的是，迈克发现众筹并不仅仅是募集资金的手段，它也能够帮助产品吸引大众关注，了解社会对产品的观感。众筹的最后一个好处是它能让你直接接受用户反馈。迈克的众筹充分利用了所有优势。

迈克从来没有想过他会经营一家设计和生产可持续产品的公司。他原以为他会成为一名牧师。迈克毕业于波士顿学院，这是一所耶稣会天主教大学。在那里他受牧师与修女的事迹感染，并打算跟随他们的步伐。于是他在毕业后考取了耶鲁大学神学专业。在耶鲁大学，他发现他或许不能成为一名优秀的牧师，但却善于激励并团结人们去实现自己的梦想。他也结识了许多年轻的社会创业者，他开始帮助他们解决生意上的问题，并发觉自己喜欢上了这种工作。在他24岁那年，他自己也成为一名社会创业者，创立了一家名为Sparkseed的公司。Sparkseed是一家致力于帮助创业公司解决筹资、指导、会议、推广等一系列问题的公司。在随后的几年里，Sparkseed协助在非洲开展了食品援助项目，在美国进行了堆肥项目，还帮助设计了一系列绿色公司。然后，迈克决定进入营利公司领域。他加入了处于创业阶段的Branchout.com，这是一家注册在脸书上的专业网站。在这里他负责领导营销团队。在他工作的几年里，网站用户上升到2 500万人，公司从风投处募集了4 900万美元。尽管如此，他认为他的工作并不符合他的兴趣。

一天晚上，他在家中举办了一场晚餐会。一位朋友向他要了一杯水。

当迈克从他的冰箱里拿出"行业领先品牌"的净水壶时,他为这个水壶简陋廉价的设计和水中漂浮的黑色悬浮物所震惊了。他当然不会把水壶拿到他精心布置的餐桌上。于是他把水从净水壶倒入了葡萄酒杯。这时,他发觉了他的灵感。迈克一直对水资源相关问题感兴趣,并关注了世界水资源基金会很长时间。他想到,为什么不生产一种设计精美、效果优异,同时注重社会效益的滤水壶呢?他决定生产一种能够颠覆整个滤水器行业的产品。它的用户将会在审美层面和道德层面为这款产品感到自豪。

这场决定性的晚餐会是《快公司》称之为年度最佳设计故事的开端。Soma 也被《Inc. 杂志》评为 25 家最具创新性的公司之一。

在将 Soma 从概念推向生产原型的阶段中,他们在天使轮从硅谷的商业精英中募集了 120 万美元。投资人包括蒂姆·费里斯(Tim Ferris)和迈克尔·比尔奇(Michael Birch)。筹资活动收到了投资人的热烈回应,他们在 2012 年夏天结束了天使轮的募集,并婉拒了其他投资人。

开始众筹

在天使轮结束以后,迈克在 2012 年 12 月开始筹划在 Kickstarter 网站上的众筹项目。他的目标是募集 10 万美元。迈克和几个虚拟助理一起开始了众筹活动。

迈克不想打无准备之仗,于是他访问了 15 位 Kickstarter 网站上募集资金最多的项目发起人。他们的筹资项目从灰熊夹克衫到游戏操纵台,总共募集了近 860 万美元。迈克说,"我们发现,无论你的筹资项目是成功还是失败,在 Kickstarter 网站上,从发布项目开始,筹资活动都有一个'40 天混乱期'。"无论你的项目是比你最大胆的梦想还要成功,被支持者、大众媒体、零售商和投资人的打听所包围,或是你勉强完成你的最低目标,疯狂地乞求网红博主和朋友们发布你的众筹信息,任意一种情况都会造成问题。

Soma 并没有很多员工。整个团队包括三个全职合伙人,两个虚拟助理，一个实习生和一大群亲朋好友。网络上的好友们都很有主人翁精神，他们在众筹开始前几个月就参与了 Soma 的计划。于是他们拥有了充满创意且熟练的虚拟助理，为实现目标制订了清晰的计划。在这个过程中，迈克学到了一些教训。

迈克说，“专业厨师不会像你我做家常菜那样准备晚餐。他们不会在晚餐开始前 15～60 分钟才开始工作。他们要提前很久，甚至一两天以前就做好准备工作。这样当晚宴开始时，他们只需要加热食品并做好摆盘。这种理念对于我们至关重要，我们提前做好了 90%的工作。”

为了让人们能够赞助你的 Kickstarter 项目，首先要将大家引流到你的筹资网页。但不是所有的引流方式有相同的效果。通过一些渠道带来的流量会比其他渠道产生更多的支持者。Soma 的虚拟助理分析了 Kickstarter 网站上的成功案例，发现最好的流量来源是：

- 脸书
- 直接流量(一般来自邮件)
- 推特
- Kickstarter
- 博客

根据以上数据，Soma 团队决定将所有注意力集中到两个目标上：第一，在合适的博客上增加曝光度；第二，在脸书、推特和邮箱里积极发布关于项目的消息。迈克在编制他们的媒介清单时，主要考虑以下特质：

- 相关度——他们的读者会喜欢你的项目吗？
- 阅读量——他们的网站有多少流量？
- 接触——博客会通过邮件发送、系统推送、脸书、推特等手段，让你的网站接触到潜在投资人吗？
- 关系——你认识那里的人吗？当一个陌生人向博主推介时，只有不到 1%的概率会得到回应。如果有介绍人的话，成功概率会超过 50%。

他们根据以上特质完善了媒介清单，并让虚拟助理寻找拥有这些特质的媒介。每当他们联系上一个对推广项目感兴趣的博主，他们不会发送关于项目的标准文档，而是根据博主特点，仔细撰写邮件，力图让博主能够轻松地为 Soma 写上几句。博主们得为 Soma 构思推广文字，个性化邮件令他们的构思过程变得容易。

一旦博主们同意写作推广文章，Soma 团队便会开始与博主确定文章上线时间。你要确保你的推广文章尽快到达潜在支持者的手里。一旦文章就绪，他们开始推进文章的发布时间与项目进度相吻合。

在 10 天内他们获得了大量曝光。《福布斯》、《快公司》、*Inc.*、Mashable、寻酷、商业内幕、*GOOD*、沙龙、Thrillist、赫芬顿邮报以及许多其他网站）。为了能够掌握这些媒体对筹资的影响，在众筹开始 1 个星期后，他们回顾了他们的曝光度。令人吃惊的事，筹资最多的渠道是一个大部分人都从没听说过的网站：www.good.is，它是 *GOOD* 杂志的网络版。

迈克说，"我们停下来扪心自问，'为什么 good.is 比其他规模更大，知名度更高的媒体表现更好？'我们发现 good.is 在一些领域比其他媒体要重要 10 倍。它有着更高的读者关联度，牢固的读者群体（超过 40 万的固定阅读用户）。我们通过介绍认识了一位 *GOOD* 的撰稿人，并通过 *GOOD* 的邮件推送、推特和脸书将我们的项目传达到读者手中。"

但迈克认为，他们成功的根本原因在于他们的朋友们。他征询并听取朋友们的意见。他搜集关于项目的一切观点，从公司名称到产品设计再到定价。他给朋友们别人都没有的先睹为快的权利，在众筹项目上线之前就向他们展示产品效果图以及宣传视频。他让朋友们参与整个推广过程，接受他们的意见，激发他们的主人翁精神，进而更加热情地支持你的项目。

他们举办了一个项目启动晚会。"让一大群人共处一室，为你的项目欢呼，这种联合的力量是任何邮件、电话和一对一会面所创造不了的。"迈克说道。他们邀请了 50 位最积极、最具有影响力的朋友，向他们播放了众筹视频，并做了演讲，告诉他们公司为什么需要他们的帮助以及需要他们做些什么。与会的朋友们成为他们的第一批支持者，也是最狂热的传播者。

这种清晰的战略取得了效果。Soma 迅速成为 Kickstarter 上最炙手可热的项目，并被标记为"流行项目"，这继而吸引那些在 Kickstarter 网站搜寻潮流用品的用户的支持。在短短 9 天内，他们实现了筹资 10 万美元的目标，最终募集金额是 15 万美元，比他们的预定目标高了 50%。

后续筹资

"众筹的目的并不仅是为了钱，"迈克说道，"如果你问我众筹的 5 个最大的优点，钱可能是排在最后的一个。"随着众筹逐渐成熟，越来越多的人意识到，众筹带来的好处要远超过募集资金一项。

众筹通过为项目筹资这一目标将一大群志同道合的人聚拢在你的项目周围。这些人既是产品的早期支持者也是最好的宣传员。他们就是迈克预期中会为他们的家庭和朋友购买 Soma 滤水壶的人群。

众筹是市场调研的良好载体。你可以测试宣传话术和定价，发送调查问卷，与参与者直接沟通。通过以上这些，你可以描摹产品用户的典型图像。

众筹也在产品发售前就为产品提供社会认同。大部分公司直到将产品推向市场的那一刻都没有测试过社会对产品的接受度，也无法预期消费者对产品的反应。但在 Soma 的例子里，他们在产品发售时已经名列《快公司》的最佳设计故事和 *Inc.*杂志的年度二十五大创新产品。市场对此回应热烈。

他们在 Kickstarter 上的众筹取得了巨大的成功。但在他们的财务计划中，区区 15 万美元只是极小一部分。他们当时已经募集了 170 万美元，还需要募集 250 万美元。于是他们再次开始推介活动，开始进行下一轮融资。

投资者对他们在 Kickstarter 上的成功印象深刻，很多硅谷大佬都表达了兴趣。但他们也谨慎地指出，光提前一个月发起宣传活动并不能构成一个新的商业模式。

在接触第二轮投资者时，迈克小心地利用了在 Kickstarter 上的成功案例。他说,“我们在众筹项目中表现出的客户洞察力比筹集的资金本身更引人注目。因为相比整个项目的预算,在 Kickstarter 上募集的资金仅仅是一小部分。我们希望公司能够运营几十、上百年,众筹阶段只是其中的一个月,我们希望公司的市值有朝一日能够突破 10 亿美元,众筹阶段募集的只是 15 万美元。我们在 Kickstarter 网站上发起众筹项目,我们期望募集 10 万美元,最后得到了 15 万美元。上千人参加了众筹,我们对此表示感谢。现在是进入公司运营的下一阶段。众筹是早期一个非常重要的里程碑,毫无疑问体现了我们的客户洞察力。这是巨大的成功,因为大部分公司在这个阶段根本都不了解他们的客户。”

第二轮筹资与第一轮筹资过程并不相同。他们在开始这轮募资时,他们的业务已经开始运转。于是他们想尽快完成第二轮筹资,避免由于资金问题影响他们的商业时间表。

迈克与 Soma 第一轮的领投方一起坐下,对第二轮的可能投资者进行头脑风暴。位列名单第一位的是克尔斯滕·格林的先驱投资基金(Forerunner Ventures)。迈克说,“先驱在电子商务方面有着丰富经验。他们投资并孵化了一大批时尚的电子商务公司,例如 Bonobos、沃比·帕克和 Birchbox。第二个原因是先驱基金对自己投资的公司非常支持,乐意为它们提供帮助。她有很多很棒的想法,我们立刻意识到格林将会是一个很棒的伙伴。格林和先驱基金将会为公司带来很多宝贵的经验。”他们与格林一会面,就意识到了她对 Soma 的热情以及她将会给先驱带来的价值。格林想领投第二轮投资,Soma 团队很高兴地同意了。

接下来,他们回到首轮投资者,给予他们追加投资的机会,并告诉他们 Soma 正在进行第二轮融资。其他投资者立刻表示愿意追加投资,数额是如此之大,以至于他们不得不回绝了一些投资者。

在 2013 年夏天,他们结束了第三轮融资,这次他们共筹得 250 万美元。现在他们有更多的经验和资金来发起一家成功的公司。

Soma 同时通过在 Kickstarter 上众筹和传统的种子轮投资来募集资金。这种种子—众筹的混合筹资方式为创业公司的早期筹资提供了一种新的模式。为什么迈克会采取这种筹资策略呢?

迈克一开始只计划发起一轮种子轮投。他并不想发起众筹,因为他不确定一个伟大品牌是否应该去 Kickstarter 上去募集资金。Kickstarter 上有很多看起来很酷的项目,但持续很久的品牌并不多。

第二,通过众筹募集的资金与为此花费的精力并不匹配。他们通过更加传统的方式募集了 370 万美元,他们花费了更多精力,但在 Kickstarter 上募集的金额仅为 15 万美元。与整个募集金额相比,15 万美元的占比很小。

迈克在解释他之所以选在种子轮发起众筹时说道,"众筹有着进行概念验证的优势。我们通过众筹平台,发现有成百上千人愿意为我们的产品掏出信用卡,这化解了我们的风险。许多公司花费巨资将产品推向市场,然后无所事事,祈祷市场会接受他们的产品。我们在这之前,就能证明市场会欢迎我们的产品。"

采用众筹—种子共同融资的方式让公司能够筹集远超单纯众筹所能获得的资金,同时在产品发售前就证明产品概念的可行性。

发现源泉

当斯科特·哈里森从迈克尔·比尔奇处获得 100 万美元的支持资金后,他和他的团队获得了一些喘息时间,可以仔细考虑如何让他的百分之百融资模式工作。一个睿智的 CEO 提供了一些预见性的建议,受他的启发,斯科特想到了一个能够解决运营与筹资两难问题的方法。

斯科特当时正在与一些公司的 CEO 开会,希望能够为基金会募集运营资金。当时基金会每月需要在运营上花费 10 万美元。一些人站出来问道,"如果有 100 个人愿意每月捐助1 000美元会怎样?"斯科特认真考虑了这个问题。12 000美元一年并不是一个特别大的捐赠数额,在纽约许多人每月在房租上就需要花这么多钱。他要做的就是说服 100 个人,每年为他的基金会捐赠12 000美元。斯科特说道,"于是我们开始恳求大家每年捐赠12 000美元,很多人同意了。"

第一个签字同意进行定期捐款的是肖恩·巴德尔(Shawn Budde),他当时是世界水资源基金会的董事。随后捐赠者接踵而来。斯科特在与萨克斯第五大道精品百货的CEO会面时,他不仅愿意每月提供2 000美元的捐赠,还说道,“让我们签一份3年协议,这样你的基金会可以为将来做好打算。”从这以后,基金会要求每个捐赠者都签订为期3年的捐赠协议。迈克尔·比尔奇除了一开始的100万美元投资,每月还愿意提供5 000美元捐赠。现在他们有从1 000美元到5 000美元不等的定期捐赠,所有的捐款都至少将维持3年。

斯科特的团队决定给这群捐赠者起个名字。他们希望借此成立一个团体。于是维克提议称这个团体为“源泉”,意为泉水永远不会干涸。

前所未有地,在2012年,世界水资源基金会在运营上花费了550万美元,但源泉们捐赠了1 100万美元。基金会不仅存活了下来,还有余力进行一些激进的扩张计划,例如雇用员工和扩大办公室。

第三年,当他们正在构思如何举办庆祝晚会时,他们想到,“今年不如让所有人都待在家里。”斯科特并没有邀请大家来参加庆祝晚会,而是要求大家都待在家里,放弃生日庆祝计划。斯科特想,如果计划想要成功,他自己就要带个头。“我今年不会举办生日晚会,但我要我的朋友们捐赠与我年龄一样的金额。我今年32岁了,大家都知道我已经32岁。他们可以为基金会捐32美元。他们在出租车或小费上花费差不多数目的钱。”

于是维克设计了一个网页。斯科特写了一组生日宣言,宣布他要放弃生日庆祝,承诺如果募集足够的资金的话,他要亲自去肯尼亚打一口井。这次筹资成功,他们并没有花费1分钱,也没有花费很多精力宣传。全世界通过直播,观看斯科特在肯尼亚亲手打了一口水井。

除了斯科特自己,世界水资源基金会提出了倡议,号召所有生日在9月的人们放弃他们的生日庆祝。有92个人参加了这个活动,他们在生日活动中募集了15万美元。在第一年,他们通过晚会募集了15 000美元,第二年,这个数字翻了10倍达到15万美元。在接下来的一年里,基金会提出了更大的目标，希望在埃塞俄比亚挖掘 333 口水井。那一年他们募集了 150 万美元。每年他们的 9 月筹资活动都有 10 倍增长。

这个想法比他们想象的更具威力。它的成功有很多原因。第一，它只是要求把原本花在生日礼物上的支出花在别的地方。把钱捐给基金会要比为朋友挑选一份礼物简单得多。于是，对寿星本人来说，这是一个轻松的要求。同时，要求捐赠与寿星年龄相同的金额也是一个令人难以置信的好主意。

基金会团队觉得他们可以利用放弃生日庆祝做一些更大的文章。于是在接下来的一年里，他们发起了“我的水资源基金会”活动，这是一个个性化的网页平台，每个人都可以设定一个筹资目标，然后请他们的亲朋好友提供帮助。

接着，除了生日庆祝，人们开始利用平台想出了很多更具创造力的想法。有一个人发起了一场名为“保留还是剃掉胡子”的活动。他要求他的朋友们告诉他该如何处置他的胡子。每笔捐赠都意味着他们为各自选择的投票。最后捐赠较多的一方会获得决定权。几个在阿富汗服役的军人通过写俳句募集了1 000美元。

一场胡子竞赛？一首士兵写的俳句？世界水资源基金会永远不会想到这些主意，但它们是有效的方法，让独立的个体加入基金会的筹资活动，告诉大家身边的水资源危机的故事以及基金会是如何去努力解决危机。这个活动的真正威力在于让捐赠者成为故事的讲述者。通过授权捐赠者使用他们的平台，他们让捐赠者成为基金会的宣传大使，轻松进入人们的社交圈，进而更加容易地募集资金。

Embrace 2.0

由于婴儿恒温箱的目的是降低发展中国家的婴儿死亡率，Embrace的创始人认为非营利模式将最适合组织。他们并不想靠出售婴儿恒温箱赚钱，但他们依然希望整个组织能像很多社会企业那样，像一个公司那样运作。他们计划销售他们的产品，获取合理的利润以扩大生产。

影响他们决策的一个关键因素是融资途径。他们认为采取非营利模式可以吸引那些慈善基金，包括草根捐赠者和大额捐赠。他们认为吸引草根捐赠者同样重要。简回想道，“考虑到我们团队正在进行的项目的内部风险（一个没有经过考验的管理团队给市场带来一项前所未有的产品）和产品在商业上的不确定性，以及我们的目标客户，我们认为最好的办法是走非营利组织的道路，创立一个非营利机构。”

他们很快意识到他们的想法在很多层面过于幼稚。简说道，“当我想大笑一场时，我会去看我们最初的商业计划。我们预计只要两个人和 10 万美元，我们就可以在一年内把产品推向市场。”整个团队对把婴儿恒温箱从概念变成实体商品所需的时间、精力和资产一无所知。他们也不知道需要在募集资金上花费多少时间。简预计他们要花 40％的时间用于筹资，这意味着几乎有一半的时间没有花在优化产品、建立销售渠道和组织基础建设上，而是花在非常低效地募集资本上，最后只募集了一小笔钱。

一个常见的误区是认为非营利组织的筹资活动是免费的。它看起来不要钱，你只需要立起非营利的牌子，然后就可以向别人募捐。但撰写标语、提交恒温箱申请、举办各种活动、进行在线筹资活动都有成本——有限的时间。这些活动将你的注意力从生产产品或提供服务上转移开。此外，捐赠者会让你轻微地偏转你的注意以让你的产品符合他们的投资规则。许多慈善基金会喜欢投资已经取得一定影响的项目。他们不喜欢投资研究和设计活动。特别是在初始阶段，一个组织必须用影响力换取慈善资金。

于是，Embrace 团队决定放弃单纯非营利模式。他们提出了一个营利计划以吸引投资资金。Embrace 被分成两个独立但有联系的实体。

非营利部分，Embrace 依旧保留了概念设计阶段的知识产权，并通过 NGO 合作伙伴向最贫困地区捐赠产品，并建立婴儿保健的体系。这些活动由慈善基金和知识产权的授权费支持。

新的营利部分——Embrace 创新，与非营利部分签订收入分享协议。根据协议，Embrace 创新会颁发许可、制造、安排产品测试和未来的产品研发，建立产品销售渠道，开发基层市场。Embrace 创新由风投基金提供资金。

简描述了这种安排的可行性，“这让 Embrace 创新得以发展，并专注于销售产品和研发工作。同时，非营利部分可以关注新生儿健康的一系列问题，通过训练、教育、监护和评估提升新生儿医疗环境。去年早些时候，我们成功地从科斯拉创投和摩羯投资集团获得了 A 轮融资，这让我们得以继续尝试这种崭新的结构。目前为止，通过这种方式，Embrace 和 Embrace 创新已经通过我们的产品帮助了超过3 000名新生儿。我们的注意力集中在印度，但我们也与 NGO 伙伴合作，在另外 10 个国家开展小规模的试验计划。我们希望今年能够扩大规模。”

Embrace 希望投资者能够相信利润与目标可以同时实现，因此他们更倾向于接触那些注重社会效应的投资者，而不是传统的风险投资企业。他们联系了睿智基金和奥米迪亚风投，它们是影响力投资的领军企业，但他们最终决定与一些更倾向于营利，但依旧关心影响力的基金合作。科斯拉创投和摩羯座投资集团就是这样的企业，最终他们选择了投资。

“科斯拉自己曾经运营一个公司，所以他知道企业运作中的各种困难，同时他也相信社会效益。事实上，当我第一次与他坐下来谈判时，他最后问道，‘如果要你做出选择，你会在赚钱和创造社会效益里选哪个？’我告诉他如果我只是想赚钱，我会做其他事情而不是创立 Embrace。很明显我已经回答过他的问题，但我最后告诉他，我选择社会效益。如果我必须做出选择，我会选择社会效益。尽管我认为经济效益和社会效益紧密相连，如果我们要尽快扩大规模，我们的项目必须能够取得盈利。”

梦想资本

勒雷创投是一家投资公司，它的投资策略简单而直接：投资任何还未被互联网染指的行业。他们一直在寻找类似大卫和歌利亚故事的投资机会。新兴的创业公司利用互联网的威力颠覆整个行业。当公司的合伙人之一，同时也是 Thrillist 传媒集团的联合创始人本·勒雷(Ben Lerer)会见了沃比·帕克的创始人尼尔和戴夫时,他意识到类似的机会出现了。

对本来说,投资一家以公益为目标的品牌的核心要求之一是真实。任何企业宣称以社会公益为目标必须出自真心而不是市场策略。对沃比·帕克而言,每卖出 1 副眼镜就捐出 1 副的策略非常透明,尼尔在 VisionSpring 长达 5 年的工作经验使他们能够妥善处理好相关工作。本也很欣赏尼尔过去 5 年在公益领域的奉献。"这段经历说明了尼尔的能力和性格。"本说道。

很多人相信投资者仅仅根据财务模型就会做出投资决策,但对于投资人,特别是天使投资人而言,他们投资的是人而不是表格。本关于尼尔在过去 5 年经历的评价验证了这个观点。如果一个公司考虑公益目的,从严格的成本—收益角度分析,公司的运营成本可能会更高。但如果一个公益目标由一群坦率而真诚的人去认真对待,最后的回报可能会远远超过成本。沃比·帕克的成功说明了公益企业去寻求完全以营利为目的的投资人是可行的。其需要的是优秀的产品和创业者的诚意。尽管沃比·帕克在 2008 年开始筹资活动,当时的经济危机使大量投资基金囊中羞涩,但依赖这种制胜策略,他们依旧筹集到大量资金。

尼尔回忆道,"2008 年的经济危机吓坏了整个银行业。他们有些反应过度,不愿意向任何一家没有超过 2 年纳税记录的企业提供贷款。"沃比·帕克从一开始就有着坚实的财务基础。管理团队由来自世界上最好的商学院之一的 MBA 组成。但他们依旧得不到哪怕是一小笔贷款。

为了获得 5 万美元的信用额度,他们不得不在银行存入 5 万美元作为抵押。他们在借自己的钱,还得为此支付利息。他们没有别的办法为公司建立信用记录。

随后他们去 14 家不同的银行寻求贷款,然后被拒绝了 14 次。银行经理告诉他们,"你们的商业计划是我见过最棒的,你们的短期财务记录也是我见过最好的,但我们的手被绑住了。"最后,通过家族关系,新泽西一家地区性银行在小企业主利益保护局的支持下借给了他们 20 万美元。尽管如此,他们还必须以个人名义进行担保,并提供 10 万美元作为抵押物。“我们实际上只借到了大约10万美元，”尼尔说，“我们不得不签订一系列看上去有些不可理喻的条款，有些条款要求我们不能把款项用于建造水族馆或动物园。”问题的关键在于，在拥有联邦政府担保的情况下，如果借款人违约，小企业主利益保护局会负责偿还银行贷款金额的90%。但银行依旧要求有相当于贷款金额的50%的抵押品。显然在违约情况下，银行要让政府偿还90%的贷款需要大量的文字工作，这些工作繁重到银行极少进行索赔。

于是他们历经所有阻碍，缴纳了10万美元保证金，并承诺不会把银行贷款用于建造水族馆或动物园，他们终于获得了20万美元由SBA支持的小企业贷款。沃比·帕克在2010年的夏天和秋天疯狂发展，并需要更多的流动资金。他们通过发行可转换债券，在种子轮中从朋友们和几个天使人手中募集了50万美元。

2011年5月，在沃比·帕克成立15个月后，他们开始进行下一轮融资，试图筹集250万美元。在第一轮融资中，他们有46个投资者。这是一个非典型现象，46个投资人一共投资250万美元。从传统的筹资角度或纯粹的逻辑角度看，这种投资方式简直就是一场噩梦。

但他们决定接纳这些投资，尼尔解释了他们的想法，“我们认为能走到这一步都源于类似投资人的好意和支持。我们为什么不让更多的人来加入这一美妙过程呢?”他们的研究极其细致，瞄准了在科技、娱乐及时尚界的投资人。在科技界，勒雷创投领投了这轮融资，首轮资本、SV Angel和Thrive也进行了投资。在娱乐圈，阿什顿·库彻(Ashton Kutcher)、莱恩·高斯林(Ryan Gosling)、特洛伊·卡特(Troy Carter，Lady Gaga的经纪人)和威廉·莫里斯奋进娱乐公司的老板阿里尔·曼努埃尔(Ariel Manuel)投资了沃比·帕克。在时尚界，他们则受到了汤米·希尔费格、迈克尔·科斯和香奈儿家族的投资。总体而言，这轮融资更像是在募集影响力而不是资金。有了这些来自关键领域的投资者，沃比·帕克希望能够将彼此的关系更进一步，他们需要的不仅仅是支票，而是人脉。

他们真的利用了所有的优势，销量超过预期而且保持持续增长。创业者们忙于工作以至于无法在工作时间会见投资人。但他们的事业炙手可热，投资人愿意乘坐红眼航班，从西海岸飞到他们身边，只为与创立者共进早餐。只有在这时他们才有空闲时间来会见投资人。

2011年9月，沃比·帕克进行了第二轮融资。这次他们募集了1 250万美元，由老虎基金领投。这家对冲基金是脸书的主要投资人，也投资了其他电子商务网站，例如Netshoes（这是拉美地区最大的鞋类网站）和Flipkart（印度的亚马逊）。他们投资的公司取得了巨大成功，因为老虎基金愿意提供各种支持和管理经验。他们有公关专家来帮助被投资人制定战略。沃比·帕克的团队继续关注公司运营，公司规模持续扩大。

2012年1月，沃比在第三轮融资中募集了4 150万美元，由General Catalyst Partners领投。美国运通和时尚界的标志性人物，J Crew的CEO米奇·德雷克斯勒（Mickey Drexler）也进行了投资。在2013年秋天，他们从相同的投资者中募集了6 000万美元。投资者们不断追加投资沃比·帕克的行为证明了这家社会企业的强大吸引力。

沃比·帕克是一家注册共益企业。只有通过社会和环境认证的企业才能获得共益企业资格。尼尔已经不记得注册共益企业的想法是在哪次与投资人的会议上被提出的。他认为只要投资人相信创始人团队能够管理好公司品牌，而注册共益企业也是品牌战略的一部分，那他们就会同意这么做。大部分投资人相信投资优秀的团队很重要。他们相信沃比·帕克拥有一个优秀的团队，社会公益目标也是团队的重要目标之一，他们乐意沃比·帕克进行公益活动，特别是在公司不断挣钱的情况下。

不必再为融资而奔波

很多慈善组织只是向公众募集捐款，却从不公布资金的使用方式。有时捐款会被滥用。有时大部分捐款会被花在基金会运营上。世界水资源基金会采取了一种极端方式来对待这个问题。他们创造了100%模型。捐赠者之选则发明了一种非常机智的中间路线。

查尔斯·贝斯特承诺捐赠者的款项使用情况将完全透明。但他认为要求捐赠者不仅资助特定的课堂计划，同时也分出一小部分支持网站运营是完全合理的。但不像传统的非营利组织，他决心在收取运营费用的问题上保持坦率，告诉捐赠者这也是捐款使用的一个方向。最后结果是查尔斯设计了一种模型，最终实现了网站财务的持续性。

当捐款者浏览网站上的课堂计划时，他们被鼓励，但不强迫分配 15％的捐款来支持网站的运营和管理费用。15％的比例是可选的，但被设置为默认选项。捐款者得选择不捐赠 15％的管理费。此外，这 15％的费用包含在你的捐款总额里，而不是额外附加。这就是说，如果一个捐赠者想给课堂计划捐赠 100 美元，同时愿意支付 15％的管理费用，他的捐款总额将是 100 美元而不是 115 美元(其中 85 美元将用于课堂计划，另外 15 美元用于支持网站运营)。

这种利用行为经济学的设计为捐赠者之选带来了理想的结果。第一，很多人愿意选择默认选项，尽管要改变选择很容易。想象一下你的电脑设置，你有多少时候会改变默认设置(那张恐怖的壁纸除外)。第二，通过将 15％的管理费包含在捐款总额里，他们不必让捐款者额外支付费用。

一套复杂的支付流程搞砸了很多慈善和商业交易。捐赠者之选努力在保障网站透明度的同时让支付流程尽可能简单。他们一定做了什么正确的事，因为有四分之三的捐赠者同意支付 15％的管理费。从 2010 年 12 月起，他们就能依靠 15％的管理费完全支持组织运营。

在捐赠者之选实现收支平衡以前，和其他创业者一样，查尔斯把他一半的时间花在募集运营资金，而不是制订长期计划和优化服务商。查尔斯知道他不想接下来都为募集资金而奔波。许多创业者都知道这种感觉。他也希望捐赠者之选能够成为一个全国性的组织。有什么方法能让他的目标同时实现吗?

唯一的方法是募集更多的资金，扩大规模使收取的管理费能够完全覆盖组织的运营费用。为了做到这一点，他们需要进行一场浩大的融资活动，一劳永逸地解决平台运营费用的难题。在 2007 年，他们开始了行动。他们表现得不像一家慈善机构而更像是一个处于创业阶段的科技企业。他们打点行李，来到硅谷开始推介自己。

查尔斯说："我们的募资活动就像一家创业期的企业一样。"他们被介绍给了硅谷的一位投资人。他曾经参与了 20 世纪 90 年代的互联网大爆炸，现在则是一位新型的慈善家。查尔斯形容他的第一次对话如同一家科技企业。"我们需要1 400万美元来实现收支平衡。如果我们得到这笔运营资金，我们可以将它用在我们的组织上，这样组织的规模会大到仅仅依靠 15%的管理费就能实现收支平衡。"查尔斯说，"我们会支付自己的账单，将1 400万美元全部用在平台发展上。"

这是一种新型的慈善模式。不同于年复一年地提供资金支持，他们只需要一次性的资金投入，从这以后，他们将不再需要为运营费用额外募资。这对企业家和风投很有诱惑力，会让他们认真考虑这个提议。找到一家在小范围内运营良好的网站平台，注入资金帮助它成长，实现盈利。但不同于普通的财务回报，这次投资的回报是社会效益。

查尔斯回忆道，"大家对这种新型的捐款模式表达了不同程度的兴趣。我认为有一两个自助者保有一种经典心态，认为这是一个伟大的事业。我们想要资助这个伟大的事业，因为他们正计划扩大影响力。会议的其他人员则会想，这就是非营利组织如何利用创业企业的模式来运作。我要试着投资看一看，因为我喜欢这种通过一次投资就让组织实现收支平衡和可持续发展的想法。投资者们知道，我们的项目以后不会再向他们要钱。他们的捐赠没有让我们产生依赖性，这会让他们感到兴奋。"

最后查尔斯获得了1 400万美元的联合投资，投资人包括 eBay 的创始人、雅虎的联合创始人、网飞的创始人和太阳微系统的创始人。依靠这笔投资，捐赠者之选成长为一家全国性的平台，并且在捐款耗尽之前，依靠收取 15%的管理费实现了收支平衡。

"我们的平台一度陷于瘫痪，要依靠人们的捐助去支付房租。"查尔斯说。现在与捐赠者的谈话要有趣很多。查尔斯可以和大金主进行更有意义的谈话，而不是请求他们帮忙维持基本运营。"与捐款者坐在一起，询问他们的兴趣和爱好，根据他们的偏好为他们提供相对应的课程计划。

这样他们能够直接赞助他们感兴趣的项目。'你喜欢游泳，但你喜欢莎士比亚？你们可以在捐赠者之选网站上找到相对应的课程项目。'"查尔斯说道，"你的捐款会全部用于这些课程计划，这是与'拜托了，先生，我们等着你的捐款来支付电费、房租和员工薪水'截然不同的感受。第一种对话我们至今依旧存在，第二种对话从2010年起就再也没有过。"

投资生态系统

大部分大公司的社会责任部门的任务是对冲风险并为几个值得投资的项目提供赞助。但汉娜·琼斯(Hannah Jones)认为耐克的团队应该做得更多一些。她认为她的团队可以做一些更重要的事。她做出的转变会在以后的章节进行更详尽的叙述。但这里，我们要关注她的团队如何采用一种更有力的方式来支持公益项目，而不是简单地把捐款交给慈善组织。

2009年，耐克将它的社会责任部改名为可持续经营与创新实验室。这其中的变化远多于名称。团队的工作重心由关注环保与社会责任转变为发展可持续产品。他们审视了耐克内部的生产线(更多相关内容请参见本书第七章)，但他们也决定投资并与有着创新性解决方案的公司展开合作。

他们认识到他们的目标应该是促进创新，简单地提供资助不是最好的方法。"当我们开始思考创新时，"汉娜解释道，"我们需要一系列新的工作方法。"他们认为促进创新的关键是建立创新的合作伙伴关系。这可以采用各种方式实现，包括建立战略合作伙伴关系，成立合资企业等。于是他们赋予了一些团队和慈善基金新的任务。他们开始寻找新兴技术和创业企业，寻找一切可以帮助促进、优化、颠覆旧格局的原料、产品、制造和服务。他们为这个过程耗费了大量资源，雇用了来自风投基金和清洁能源公司的专家。他们投资了大量公司，其中之一是DyCoo。这家公司通过一种无水纯天然的染色技术，颠覆了染色行业。通常，染色过程需要消耗大量水资源。染一公斤的织物需要耗费115升水。在服装业，这意味着每两年他们就要消耗1个地中海的水量用于染色。考虑到世界上还有10亿人缺乏干净的饮用水，这是一个令人悲哀的浪费。耐克欣赏这家公司的技术并将其引入自己的工厂，进而迅速降低了自己的水足迹。

另一个投资项目是Lavasoft。这是一家软件公司，致力于优化公司的后勤体系，进而减少公司在海运过程中的碳排放。这本身就是一个困扰耐克的问题。两次投资都不是简单地支持创新，而是帮助改善耐克自身的核心业务，并将帮助很多其他公司实现可持续发展。这是一个巨大的进步。就像汉娜评论的那样，“这既是生意，也是为了持续发展。”耐克的可持续经营与创新实验室投资基金会给母公司带来大量的经济回报和社会回报。

关键信息

1. 团结

投资人因为各种原因做出投资决策。有些人更关注经济效益，还有些人则更关注社会效益。两种人都可能成为严厉的工头。当你在创业过程中努力维持财务和社会效益的平衡时，一定要选择与你的愿景相一致的投资人。对这种投资人来说，你对公益目标的真诚奉献很重要。你和你的投资人必须团结在一起。

关键问题：哪种投资者会寻求与我一样的结果？

2. 达成协议

在找到与你有着相同愿景的投资人后，你必须通过有说服力的推介来达成协议。通过向他们展示清晰可行的行动方案来吸引投资。含糊不清和害羞不会被投资人认同。你必须提出明确的要求，包括你需要的确切资金，你对资金的使用计划以及如果投资人愿意投资的话，如何实现回报。

关键问题：这时如何向投资人提出合理的要求？

第五章　以真诚为纽带

今天，很多品牌都需要反思它们的营销策略。它们不该过多地把注意力集中在传统的广告投放上，而是应该更多地关注如何给顾客带来更好的体验。在客户周围不断地提起自己品牌的名称，一刻不停地夸耀自己的产品，这种扩音器战术已经让许多人产生了免疫力。一方面，越来越多的客户不再相信广告，另一方面，他们为什么要相信呢？越来越多的广告正变得虚假浅薄。广告业者通常采用霰弹枪式的手段，突然闯入顾客的日常生活，丢给客户一堆不知所云的广告。科技的发展已经能够让我们跳过大部分广告，无论是通过观看事先下载好的视频，抑或只是在广告播放时低下头玩自己的手机。

与此同时，互联网正迅速成长为一个现象级的宣传平台。范纳媒体的创立者加里·维纳查克（Gary Vaynerchuck）在他的《感恩经济》（*The Thank You Economy*）一书中指出，互联网已经开启了一个市场营销的新时代。消费者能够更轻易地去搜集更多的信息，同时与其他消费者分享自己的经验。人们的经验可以在几秒钟内传遍整个网络。而且在大众眼里，客户评论比最巧妙、最精准的广告投放更具说服力。维纳查克说品牌商应该着手与消费者建立长期信任关系，而不是像个 19 岁的毛头小伙那样，指望通过第一次碰面就搞定一切生意。

品牌商们不该再拘泥于扩音器战术，他们需要更加开放真实地与消费者分享信息，利用新技术吸引客户，并与他们进行持续真诚地沟通。这就是磁石战术。与扩音器战术不同，它或是通过真正具有吸引力的内容，让人们主动去寻求产品、分享产品，或是提供更优秀的购物体验和更优质的客户服务，或是提供更契合客户需求且物有所值的产品。

这并不只是消息发送的问题，你需要慎重考虑与客户交流的每一个细节，确定你与他们的沟通真诚而有意义。杰夫·罗森布鲁姆（Jeff Rosenblum）是创意广告公司 Questus 的联合创始人，同时也是纪录片《赤裸的品牌》（*The Naked Brand*）的导演。他说，“良好的体验并不像步入一家商店或踏进客机机舱的那一刻，仅仅存在于一瞬间的美妙感受，而是无数段美妙时刻的集合。当一个小小的痛点被解决时，就会给消费者带来良好的体验。”关注你的产品与消费者体验之间的每一个细节是培养客户忠诚度的有力方式。例如一张手写的感谢便条就要好过打印的版本。这体现了你的人性和对客户的用心。

在线鞋类销售公司 Zappos 是行业内提升客户体验的典范。公司的创始人兼 CEO 托尼·谢（Tony Hsieh）相信提供高质量的客户体验是迄今为止最有效的营销手段。Zappos 在传统广告领域投入很少。相反，谢专注于为客户提供更好的购物体验。例如向客户提供全程包邮服务，直到客户买到满意的鞋子。对于回头客，Zappos 将包邮服务免费升级到了隔夜送达。许多销售商将他们的联系方式隐藏在网站深处，谢将它们放在公司主页，并提供 24 小时接听服务。Zappos 在美国的客服人员没有固定的话术，当有客户呼入时，他们会保持电话沟通直到客户的需求得到满足。谢相信热线电话是最好的品牌营销手段。在一个顾客被广告语不断轰炸的世界，你在什么时候才能得到客户全身心的关注？Zappos 视客户电话为与他们建立持续良好关系的重要机会。他们通过用心的对待和强大的解决问题能力，培养了强大的客户忠诚度。Zappos 的业绩也取得了爆炸性的增长。

巴塔哥尼亚是最成功的目标驱动型品牌之一。它们也是真诚、透明营销领域的领军企业。从一开始，巴塔哥尼亚就决定以对环境更为友好的户外装备为目标，并将他们的追求告诉客户。最近，公司为了更加透明地公布旗下服装对环境的影响，采取了一种非常有勇气的做法。他们在公司网站上增加了一个足迹链模块。在这个模块里，公司展示了他们的原料供应商、原料对环境的影响、制造过程以及货运过程，并且明确表示有些原料和生产过程并不总是对环境无害。但他们也通过网页告诉客户他们正在采取的环保行动。顾客们为公司的真诚和对环境保护的重视而感到欣慰。这里的经验是，客户并不要求公司尽善尽美，而是对公司的价值体系、目标以及为目标采取的行动更加关心。

社会企业必须反思他们的营销策略，采取创新性的宣传方式，通过真诚透明的工作方式增进与客户的沟通，进而提升客户体验。许多书中提到的社会企业已经利用这种方式，卓有成效地开展了工作。

价值观推动品牌进步

任何一个品牌在开始与客户进行沟通之前，它们必须对客户有深刻理解，知道目标客户是哪些，他们的立场怎么样。当斯科佐基金会重新命名为 VisionSpring 时，他们成立了一家名为“？What if!”的公司。尼尔在这个过程中总结了一些经验，并将一些原则应用到了沃比·帕克的创立过程中。团队制定了缜密的章程，清晰表述了公司的价值观和各项价值观的优先级，并在随后的公司运营中遵循这些章程。

沃比·帕克方法的一部分是找出你认为最能代表公司特质的形容词，精研这些词语背后的意义。被挑选出的词语成为公司品牌宣传的基础。找出这些词语之间的细微区别与关联准确定位了公司的价值观和品牌特质。例如沃比·帕克的一位联合投资者用“学院派”一词来形容公司品牌，这个词语与“活泼”一词的意义近乎相反。学院派指通过学习提升自己，而活泼则意指生来掌握特权，拥有空虚无聊的生活方式。这完全不是沃比·帕克想要塑造的品牌特质。

沃比·帕克团队详细制定了公司的价值观，并在其后的运营中始终以此作为公司指南。从制定预算到人员变动，不一而足。为了让整个团队始终将这些价值观铭记在心，并依此行事，他们甚至把这些词语印在了公司的厨房墙壁上,这是整个公司人流量最大的地方。

建立产品分层

品牌推广的同时也需要建立清晰的产品分层目标,为随后的公司战略和营销制定不同的优先级。

团队希望产品的分层与客户的偏好以及他们的价值观一致。于是他们尽其所能收集了客户资料。他们让朋友和同学们做问卷调查。他们也去当地的眼镜商店,与销售人员聊天。当他们搜集了足够多的样本后,他们开始邀请目标客户,搜集客户意见。这是一项很简单的工作,尼尔准备了一个酒会,让大家开怀畅饮然后提供他们的观点,就像老话说的那样,酒后吐真言。

他们注意到客户在被问及是否会购买眼镜时会问 5 个问题,"我戴上这副眼镜看起来怎么样?""这些眼镜要多少钱?""眼镜的材质是什么?""销售员会怎么对我?",最后则是"这个产品有什么好处?"根据他们的调查结果,他们建立了以下分层目标:

美感

第一,也是最重要的,沃比·帕克定位为一家时尚品牌。优秀的设计是所有成功的时尚品牌的起点。于是沃比·帕克重点投资了镜架设计,努力设计美观又符合客户需求的镜架外形。此外,沃比·帕克的视觉形象、网页设计、商店布置都按同样风格进行设计。

价格

第二,这些眼镜需要合适的定价。类似于 Zara 和 H&M 之类的快速时尚品牌成为全球性的巨头企业不是没有原因的,它们很好地结合了优秀的设计和合理的定价。沃比·帕克也是如此。

客户体验/质量

第三和第四,眼镜的质量和客户体验必须得到保证。每天,顾客需要依靠眼镜来观察世界,因此眼镜不能是只使用了一两个月就会损坏的易耗品。客户们能够通过与公司的互动感受到公司的用心关怀。从登录网站到试用眼镜,从收到快递再到售后服务,一切活动都必须用心考虑。

社会公益

第五,公司必须为社会做些有意义的事。品牌分层的最后一层与大部分客户的购买选择没有关系。但这一点对公司的创立者至关重要。当客户们得知公司的公益目标时,他们也会予以支持。从商业角度看,公司的公益贡献会让客户更支持他们的品牌。由此,他们会更忠于这个品牌,也更愿意向朋友推荐它。

名称里有什么

公司名称是品牌策略最重要的方面之一。这是你的产品最直接、最核心的标签。因此,认真斟酌一个合适的公司名称很重要。

沃比团队花了整整 6 个月时间来考虑公司名称。在这个过程中,他们足足考虑了2 000个糟糕的名称(尼尔原话)。但没有一个名字能够契合他们公司的价值观。尼尔描述了那天公司名称被想到时的情形,"一天戴夫正在第四十二街的纽约公共图书馆漫步时,他无意中走进了一个关于杰克·凯鲁亚克(Jack Kerouac)的展览。凯鲁亚克是我们定义品牌的标准之一;我们欣赏他鼓励年轻人不走寻常路,另眼看世界的做法。展览展示了一些凯鲁亚克的手稿、笔记、草稿和未发表的文章。在其中的一篇文章里,戴夫注意到两个人物有着有趣的名字,沃比·派帕(Warby Pepper)和扎格·帕克(Zagg Parker)。我们把这两个名字结合起来,最终有了公司现在的名称:沃比·帕克。"

对他们来说,沃比·帕克是公司所有价值观的升华。这个名字易于记忆,并有着自己的个性。但它还有更深刻的意义。这是你所期望和寻求的目标的结合。

给他们美好的体验

公司品牌策略的另一个基础是提供独一无二的客户体验。就像 Zappos 一样,沃比·帕克从顾客浏览公司网页的那一刻起,就开始向他们提供最优秀的消费体验。

任何一个在眼科医生办公室或眼镜匠人处购买过眼镜的人都知道，购买眼镜是一个复杂、烦琐的过程，更不提高昂的价格。创业者们知道无论他们的眼镜外观有多么时尚，价格有多么低廉，如果他们不改变顾客对于购买眼镜的刻板印象，他们就很难取得成功。

为了帮助顾客们挑选眼镜，他们利用人脸识别软件，让顾客可以通过上传自己的照片，然后看镜框是否适合自己的脸型。顾客可以浏览所有展品，在虚拟环境试戴所有镜架。一旦顾客缩小他们的备选范围，就可以挑选至多5副镜架。作为在家试戴项目的一部分，沃比·帕克会免费运送5副镜架到顾客家中。顾客有1周时间来试戴这些镜架。公司也鼓励客户从朋友和家人处征求意见。最近一些顾客开始上传他们的备选照片，利用社交媒体来进行“云选择”。然后他们选出心仪的镜架，上传订单信息。眼镜随后会送到顾客手中。在收到眼镜后，顾客有30天的无理由退货期。这个过程是为了减少在网络上购买眼镜这种个人产品时的麻烦和焦虑感。“我们让顾客们改变他们购买眼镜的方式，所以我们要尽量降低违约风险。”戴夫·吉尔伯亚说道。

在任何时点，顾客与客服的距离就是一通电话。只要你拿起电话，你就会在一开始的几分钟里注意到以下事情：第一，你会注意到你正在和一个活生生的美国人通话，而不是一个自动应答系统，也不是来自海外呼叫中心的外包工。第二，你会注意到他们会以非常灵活的形式和你交谈，而不是照本宣科。第三，你会注意到他们并不会催促你挂掉电话。去年，为了挑选一副眼镜作为女朋友的礼物，我发现我和一个名叫娜塔莉的优雅女性聊了足足45分钟。

优化一对一模式

每卖出一副眼镜，就向落后地区捐赠一副眼镜是创业者们一开始就有的计划。但和其他一对一模式不同，他们不是简单地捐赠眼镜。他们和 VisionSpring 合作，通过公司以当地人可以承受的价格出售眼镜。尼尔的工作经历告诉他，这是一个更可行的方法。

但这种方法非常复杂，而且需要花时间和客户解释，于是团队试图找到了一个推广项目的方法。问题的关键是如何让信息简洁明了地展示在网页上，这样顾客可以注意到它们。尼尔回忆道，“关于在导航栏安放什么链接，我们讨论过很多次。”他们最后决定把信息放在首页中我们的故事栏下方，并在网站上提供了关于他们与 VisionSpring 合作的细节。只要点击鼠标，任何一个想要了解项目的人都会看到更多细节。他们认为这种结合能够让他们把自己的愿景传达给顾客，并提升了公司的透明度。而这一直是沃比·帕克的核心价值观。

对这样的决定在品牌推广上很难做出评判，尼尔也承认公司内部仍然对此有争论，并且在将来的某个时点可能会改变方法。但经历这些难题并做出抉择是所有那些要与客户和公众建立真诚、开放、长期关系的社会企业的必由之路。

提供良好的体验

沃比·帕克在品牌建设上特别善于发起契合公司价值观的推广活动。

从一开始，沃比·帕克就是一家繁忙的初创企业，必须慎重使用有限的资金，特别是在品牌营销上。一开始，他们花钱通过公关公司在两本顶级杂志 *Vogue* 和 *GQ* 上获得曝光。这在宣布公司正式运营上取得了良好效果。但在拥有良好的开端后，如何与现有客户保持关系并扩大客户群体?

2011 年 9 月的第一个时装周，沃比·帕克并没有来到布莱恩特公园。为了向公司名称的来源致敬，沃比·帕克在纽约公众图书馆占据了一间阅览室，进行了一场非正式的眼镜展。

在展览开始前的一天，他们开始向时尚编辑和粉丝发送邀请，邀请函上只有一句话“下午 3 点 30 分，狮子像下不见不散。”那天下午 3 点 30 分，人群开始在纽约公众图书馆前标志性的狮子雕像下聚集，没人知道将会发生什么。他们整队被带入图书馆漂亮的主阅览室。当他们步入主阅览室时，主阅览室看起来一如既往。人们有的在安静地读书，有的在书架间穿梭。

Vogue 描述了接下来发生的事，“在一眨眼就会错过的瞬间，在安静的阅览室里，所有的模特和设计师的朋友们都戴着沃比·帕克的眼镜和墨镜，同时举起手中如同知更鸟蛋般蓝色的书籍，标题上印着沃比·帕克的名字。这种同时行动给他们春季新品的展览带来了有趣而另类的印象。”

这次行动没有经过纽约公众图书馆的同意，从技术上说是非法的。但对沃比·帕克来说，这是一次完美的策划，与品牌印象完全契合。首先，没有哪里比纽约公众图书馆更具有文化气息。光是走进主阅览室就让你感觉自己变得更加睿智。这是大卫·吉尔伯亚邂逅杰克·凯鲁亚克未曾发布的文章，也是想到沃比·帕克这个名字的地方。其次，这是当时时尚界的中心。所有的大型展览都在布莱恩特公园的帐篷里举行。帐篷的位置就在图书馆背后的草坪上。最后，这场非正式的展览行动是向公司叛逆天性的致敬。就像他们正想变革整个眼镜业，从陆逊悌卡帝国手中夺取份额。这场行动与公司的价值观保持一致。

精心挑选的合作伙伴

标准酒店是一家位于纽约、迈阿密和洛杉矶的豪华精品连锁酒店。这个品牌既高档又有趣，是沃比·帕克的完美伙伴。它们之间的合作关系持续已久，并合作举办过几次独特的活动，包括在酒店大堂设立一间卖眼镜的小商店，通过 iPad 完成线上预订、资助当地艺术家、举办小故事比赛等。

一次成功的合作活动发生在 2013 年夏天。纽约标准酒店一直有从曼哈顿西部飞往汉普顿的日常航班。航班由水上飞机执行，被称为“StndAir”。飞机从哈得逊河上起飞，然后向东飞到汉普顿。每个乘客都被提供一副沃比·帕克的墨镜和一本经典名著的摘要，因为这段航程实在很短。

沃比·帕克也拥有许多其他有影响力的合作伙伴。除了他们定期通过 VisionSpring 向贫困地区提供眼镜，他们偶尔会为非营利的伙伴推出限量版眼镜。在这种非营利合作中，沃比·帕克会挑选一款畅销眼镜，然后进行小小的修饰，通常是增加一抹带有合作组织标记的色彩。这种方式使他们能够创造一种他们知道客户一定会喜欢的产品，但这一丝变化又能吸引那些支持他们行动的顾客。他们曾经与“被遗忘的孩子”(Invisible Children)合作，帮助消除乌干达北部和刚果民主共和国境内圣主抵抗军遗留的影响；与 Susan G.Comen 基金会合作对抗乳腺癌；与“铅笔的承诺”(Pencils of Promise)合作，在落后国家修建学校；与“捐赠者之选”合作，资助课堂教育计划。在 2013 年夏天，他们与当时正在上映的重磅大片《钢铁侠》联合发起一项大规模活动，推出一款极度类似超人签名眼镜的产品。沃比·帕克旨在通过鼓励漫威粉丝购买该款眼镜，为“帮助下一代”募集资金。每卖出一副眼镜，沃比·帕克就会向慈善组织 826NYC 捐赠 15 美元，用以增强他们的书写技能。

上路吧！杰克

电子商务公司有着其特有的优势，例如运营成本、自动化、供应链等等。但无论你如何在线与客户建立强大的联系，与面对面建立的客户关系相比，始终缺乏个人感受。又一次，受品牌英雄杰克·凯鲁亚克的思想影响，他们决定走上街头，把品牌带到人群中间。于是他们购买了一辆经典的黄色校车，移除了绿色的塑料座椅，根据旧式博物馆、教授办公室、20 世纪中叶设计和古典劳斯莱斯内饰的风格，对校车内部进行了重新装修。经过 4 个月的工作，校车被改造成一个由橡木搁板、黑板、图书馆和所有沃比·帕克眼镜商品组成的移动展览室。

这辆改装校车上坐满了热情的沃比·帕克员工。他们从纽约前往西海岸，一路经过美国的每一个大城市。他们驶入城市，与当地的销售商合作举办一两场活动，然后停下车开始营业。顾客们可以通过 iPad 在巴士上浏览、试戴并订购眼镜，也可以上车后坐在沙发上阅读他们喜欢的书籍。

美方洁疯狂的市场策略

美方洁没有独立的营销团队，他们只有一支品牌体验团队。因为他们认为市场营销不能与产品设计过程割裂开来。

对于公司来说，市场营销是为了影响顾客和潜在顾客的选择行为。不设立营销团队对一家公司来说是很鲁莽的行为。但美方洁的创始人认为他们无法在广告领域和其他清洁用品生产商展开竞争。竞争对手的市场预算和一些小国的 GDP 一样高。于是，就如同他们凌乱的风格，他们决定采取与传统经验不同的方式，忽略市场营销，努力创造一个更人性、更有趣的品牌形象。

美方洁开始着手了解客户购买动力。他们为什么要买这个产品？他们认为消费者的需求结构和马斯洛需求层次理论很相似。金字塔的底部是消费者的实际需求，在这个案例里，是能够有效清洁家居的产品。在金字塔的顶端，则是消费者的理想。当你只以消费者的实际需求为目标时，你便开始了一场奔向金字塔底部的比赛。你的品牌变成一系列特点的罗列并陷入价格战。产品只是一件商品。于是美方洁决定专注于满足消费者更高层次的需求。

为了支持这次行动，美方洁专注于创造良好的客户体验。“什么是更好的客户体验？它必须在某些方面是令人难忘的、引人注目的或未曾预料的。”亚当和艾瑞克说，“它是让顾客不断光顾你的产品而不是竞争对手产品的关键。不论你是否同意，一件产品光是质量好还远远不够。今天，质量只是产品进入市场的入场券。产品满足需求，体验满足欲望。”我们沉浸在商品的海洋里，我们的选择比历史上任何时期都要多。美方洁目标客户的大部分需求都已经被达到，于是公司决定在更感性的领域展开竞争。在一个大部分基本需求被满足的地方，客户体验变得更加重要。当然一件产品本身的效果很重要，但他们要做得更多。美方洁决定改变清洁体验，让清洁过程变得有趣。

供求理论决定顾客愿意为稀缺商品支付额外费用。在清洁领域，没有东西比乐趣更加稀缺。把购买清洁用品从一个理性选择的过程转变为感性选择的过程，这是美方洁致力于优化客户体验的目标所在。通常市场营销要在产品被生产出来后才开始，而美方洁的市场需求则在产品设计阶段就被加以考虑。美方洁把市场营销融入了产品本身。

大部分产品的设计过程由一个简单罗列产品设计需求的概要开始。在美方洁，品牌本身就是概要。它是所有产品设计的出发点。要想设计一件拥有良好客户体验的产品的基础是对品牌定位有着清晰的认识，然后考虑如何将其延伸到产品领域。

最好的品牌都有明确的品牌特点。这是它们所独有的特质。美方洁的品牌特点是包容、乐观、简洁、志存高远。或者直接引用它们的品牌标语，“智慧、性感、可持续”。在美方洁，品牌体验并不是通过模仿其他品牌获得，而是通过内部自省，认清自身特质，由内而外地建设品牌。

“智慧、性感和可持续”的设想很好，但如何把它们转化成你可以使用的产品呢？大部分公司有品牌核心，美方洁则以体验为核心。体验核心指所有标准必须在产品发布前达到完美状态。体验核心指导设计，但也帮助修改产品，告诉公司哪些事情不能做。这些核心让设计师始终对产品体验负责。这种方法主要有两个好处：消费者得到更好的体验；美方洁得到有竞争力的优势。此外，这些核心可以规模化复制。如果你设计了一件好产品，你只是拥有了一件好产品。如果你构建了这些核心，你就可以有一个平台，依赖这些核心源源不断地开发好产品。

亚当和艾瑞克描述了品牌核心是如何指导他们建设婴儿用品生产线的，“随着公司规模的扩大，我们开始生产婴儿用品。但我们找出设计感强烈的婴儿产品，也没有关于环保原料的资料。我们决定从头创造它们。细心的父母喜欢温和的原料，比如大米、牛奶和锦葵。他们欢迎产品中减少化学成分，如邻苯二甲酸、对羟基苯甲酸酯等(主要的婴儿产品生产商在很长一段时间内曾隐瞒对它们的使用)。但不仅是原材料帮助我们的婴儿产品线脱颖而出。与我们的偏好一致，我们使用环保材料设计了抓人眼球的卡通风格瓶子。产品设计过程中也考虑了父母处于繁忙，无法脱身的情形。我们的婴儿尿布疹膏有一个单手泵确保一次用量不会过多。我们的婴儿沐浴露有一个大号的瓶盖，折叠后可以作为清水杯使用。所有这些特点都是对于工业化设计的一次小小胜利。积少成多，这条生产线展现了美方洁对于产品专注于体验的巨大力量。”产品体验就是要让顾客感到耳目一新。

在美方洁，市场营销的成本包括“雕琢铁块”。更准确地说，这是美方洁在提升品牌体验上的投资。为了生产一件定制产品，一般公司首先会制造这个产品的模子。这个模子通常由一整块铁块经过切削、雕琢而成。在业内，这被称为“雕琢铁块”。这是一个精密而昂贵的过程。在美方洁，每生产一个瓶子的模子就要花费15 000美元。许多公司宁愿放弃这个耗资巨大的过程，选择制造商现成提供的通货瓶子。这就是你在路边小店的货架上一直能看到的普通瓶子。

美方洁的大部分竞争对手认为在制造模子这一流程上花钱毫无意义，他们宁愿把费用花在产品营销上。美方洁对此持有完全相反的看法。当他们比较了创造一件独特的瓶子的成本和市场营销的成本后，他们发觉花钱设计并生产有特色的瓶子是一笔很划算的投资。在一场大规模的市场营销活动中，15 000美元甚至不能买下一家全国性杂志 1/4 的版面。相反，这些瓶子则会带来数以百万计的免费舆论、吸引销售商的注意并促进销售。“我们的观点是，只要我们的产品超过预期，人们就会愿意谈论它、宣传它。”亚当和艾瑞克说道，“因为美方洁永远无法通过嗓门更大赢得广告战，我们需要产品为我们说话。我们相信在没有市场营销的前提下，如果你调查任何产品的发展过程，就会发现产品需要足够特殊，才能在一众同质产品中脱颖而出。市场营销应该是好产品的助推器，而不该指望它是解决一切问题的万能药。”雕琢铁块就是美方洁致力于创造良好客户体验的一个例证。

达标的产品能够让你加入市场竞争，但并不能让你赢得最后的胜利。在拥挤的市场里，你的所有竞争者都达到标准要求。美方洁生产出一款有用的产品，对消费者来说，它是一个合理的选择。但为了能够最后成交，美方洁希望能够给消费者更感性的体验。建立感性联结不仅在短期内有着促进销售的作用，从长期来看，感性联结也能够让消费者保持更高的品牌忠诚度。

创造感性体验意味着要触动消费者的意识，这是人类感性的快车道。对美方洁的团队来说，人们对于清洁产品的第一反应往往与肮脏、不干净联系在一起。于是，他们决定通过符合大众审美的外观设计，创造一种新的感官体验。采用让大家感觉清新的配方，让产品散发令大家感到愉悦的芬芳。此外，他们还设计抓人眼球且符合人体工程学的包装，激发人们的兴趣，同时改善产品的触感。从嗅觉、触觉再到视觉，这是全方位的感官提升。他们让清洁这一可怕的过程显得稍微有那么一点乐趣。亚当和艾瑞克这样形容，"我们的产品向消费者提供截然不同的感性体验，以此和消费者建立长期联系。我们激烈颠覆业内所有现存的教条，从第一次将海洋矿物气味应用于我们的产品到在包装上印上愤怒的松鼠。最伟大的体验是人性，而人的天性是喜欢接受惊喜。要在肥皂等基础产品本体上提高区分度很难，你必须丰富一切细节。产品标签在你手中的感觉，柜台上瓶子的样式，皂液被挤出时的声音，瓶子背后让你莞尔一笑的妙语，甚至是蜡烛盒内的一本使用手册都能给顾客带来惊喜。"

但是，在此提醒一句，对良好体验的评价是两极分化的。客户体验是一种非常主观的判断，取决于不同客户的品位，因此，不要奢望所有客户都喜欢你做的一切。美方洁认为他们应该与那10%认同公司价值观的客户建立更深的联系，而不是去讨好剩余的90%。相反，如果一个品牌想满足所有人的期望，那无异于敲响自己的丧钟。亚当和艾瑞克是这么认为的，"最后的结果是更少的客户（市场份额）购买了更多你的产品（利润份额）。这种倒置的金字塔，只关注顶层的做法吓坏了很多商业领袖，但这意味着公司可以更准确聚焦那一小部分目标客户。但在一个有效宣传手段并不多见的世界里，如果你想建立一个有效的盈利模式，除了把有限的精力集中在更狭窄的受众面上，你别无选择。"

美方洁也致力于与顾客建立长期关系。创立者们知道他们控制不了网上言论，但他们尽其所能，通过各种形式使自己受到大众欢迎。从老派的纸质信件到电话，再到微博和博客。他们甚至在书的最后公布了他们的邮箱地址，以方便顾客能够直接联系他们。（当然你先得买下他们的书！）

美方洁相信通过聆听顾客，他们能够更加深入地了解自己的产品，知道这些产品如何被使用，给消费者创造何种体验。美方洁从聆听开始。回到 2002 年，在美方洁开设第一家专卖店时，亚当和艾瑞克亲自待在店里接收客户反馈。然后，他们把客服热线直接和他们的手机相连。聆听的习惯从美方洁成立的第一天起就被建立起来。为了保证交流质量，他们自建了客服、宣传、公关、设计和创意团队。除了从顾客处获得反馈，美方洁也致力于培养品牌拥趸，通过这些忠实支持者来宣传品牌。

以纳森·艾伦（Nathan Aaron）为例。纳森是美方洁的忠实粉丝……我说他真的是美方洁的死忠。为了美方洁，他建立了一个名为“Methodlust.com”的博客。是的，显然美方洁有一个粉丝俱乐部，而纳森就是俱乐部的主席。Methodlust.com 展示美方洁的产品，提供顾客评论以及新产品的信息。网站采访了超过 30 名美方洁的员工，甚至还展示了一些关于美方洁产品的另类用法，比如将淋浴喷头用作驱虫器，将旧瓶子改造成台灯灯罩等。纳森一手创立了这个网站，并培养了一群忠实用户。但美方洁愿意提供一切帮助，像优先向他提供产品信息、照片，接受他的采访等。

纳森不仅为美方洁大唱赞歌，他同时也会对一些产品提出批评，并将这些评论提供给他的粉丝。一个有益的盟友，以及偶尔是一个有爱的对手。纳森诠释了最理想的品牌拥趸。

美方洁也会寻找机会号召它们的用户和粉丝参加集体活动。一天，美方洁收到一封来自业内巨头高乐氏公司的信件。信件正文中充斥着威胁性的法律术语，要求美方洁停止在它们的广告中使用雏菊形象（美方洁从创立之初就一直使用雏菊形象，以表示它们的产品是纯天然，连一朵雏菊都不会伤害到）。高乐氏声称它们拥有雏菊商标的所有权，并将用于新建立的绿色清洁用品生产线。亚当回忆道，“一些糟糕的律师忘记了仔细回顾它的历史。当它向我们发出律师函时，行文中充斥着诸如：高乐氏在环境友好产品的研发方面投资了上百万美元。我们是绿色清洁用品产业的领军企业之类的话语，并且威胁要去法院指控我们侵权。”

一开始，这看起来像是一起十分严重并且潜在后果未知的法律问题。美方洁却成功地利用此事，动员了它们的粉丝和支持者。美方洁品牌气质的一部分是挑战者，一个致力于颠覆现状的叛逆者。于是，美方洁认为高乐氏的信件并不是威胁，反而提供了一个完美的机会。它们并没有与拥有无数御用律师的大公司进行法律战，它们决定让公众来进行评判。

美方洁回复了高乐氏的警告信，在回信中写道，“让我们为一朵花打官司是一件很愚蠢的事，为什么我们不让公众来决定谁有权利使用雏菊形象？”亚当和艾瑞克录制了一个解释当时情形的视频。同时美方洁建立了一个名为 votedaisy.com 的网站，在网站上刊载了高乐氏的警告信和解释视频，并邀请人们在网站上进行投票，谁有权拥有雏菊，高乐氏、美方洁还是地球母亲？亚当和艾瑞克回忆道，“votedaisy.com 才上线几小时，《纽约时代》就报道了这个网站。上千人进行了投票，毫无意外地，地球母亲这个选项赢得了压倒性优势。同时，有上百名律师向我们提供了免费的法律意见，保证我们是正确的一方。这证明了美方洁用户的品牌忠诚度。至于结局，只需说我们再也没有听到高乐氏公司做出一点回应。”

“大众市场品牌和信仰品牌的不同之处就像独白与对话，”亚当和艾瑞克说道，“大众品牌对人们单向宣传，或者更准确地说，灌输！信仰品牌则不同，它们聆听，创造对话。”信仰品牌不会做出保证，它们只会让你的生活更美好。这种信息比简单的广告更加微妙，也更加复杂。于是，它们邀请客户建立更深层的联系。

信仰品牌在大众媒体时代处于不利地位。但在社会媒体时代，它们有两个优势。首先，信仰品牌与顾客的交流更丰富。更重要的原因是，社交媒体时代带来的透明度揭露了那些大品牌的浅薄，以及它们并无法兑现承诺的事实。

随着下一代人的购买力越来越强，大众品牌正在持续失去竞争优势，它们正被那些致力于与顾客建立关系、坚持共有价值的企业所超越。

不要对你的顾客唠叨不休，聆听他们

Soma 在 Kickstarter 上的众筹不只给公司带来了 15 万美元资金，也给他们带来了初创公司在产品研发阶段所需要的重要信息。Soma 在 Kickstarter 上有2 300名支持者，公司视这2 300名支持者为一个了解顾客群体的重要机遇。

他们通过电子邮件向 Kickstarter 上的支持者发出了一份问卷调查。在2 300名支持者中，有 900 人回复了这份有 17 个问题的问卷。这是一个很惊人的成果。通常问卷调查的典型回收率低于 10%。因此收回 900 份问卷是一个巨大的成就。

问卷上有一个问题是"您是否愿意接听我们的电话，这样我们可以更了解您?"有 300 人回答了"愿意"。于是他们雇用了一个咨询公司，整理了全部数据并进行了电话拜访。他们最后与 50～100 人进行了交流。通过这些问卷调查和电话，他们更深刻地了解了核心客户群。对用户们关于现有滤水壶的需求和不满有了清晰认识。或许更重要的是，他们发现了为什么他们的核心用户愿意购买 Soma 滤水壶。结果显示他们首先愿意为产品设计掏钱；其次是公司对可持续发展的贡献；再次是希望尽快获得一个众筹产品，取代原来的滤水壶；最后是产品是在美国生产的。

调查也显示了核心客户的阅读偏好。这让他们可以进行更精准地营销。顾客们最喜欢的两个网站是《快公司》和 *Dwell*。于是他们知道与这些经销店合作很重要。他们也获得了基本的统计学数据。根据获取的所有信息，他们创造四个典型客户形象。其中一个是"技术客"。技术客通常是一个住在市区、25～35 岁的年轻人。他/她会通过闪购网站 fab.com 购物，通常是单身，并且重度沉迷于科技产品（或许他的职业就是工程师或设计师）。他们在社交网站上十分活跃，并且为自己走在潮流的前沿而感到骄傲。他们想知道哪些是最酷、最时尚的。他们最喜欢的杂志是《快公司》，最常浏览的网站包括 Reddit、Thought Catalog 和 Cool Hunting。

“我们真的在公司墙壁上贴着这些典型顾客的照片，”迈克说道，“这真的帮助我们在产品正式发售前完善了我们的市场策略。”

建立社群

在掌握了目标客户的信息以后，Soma 开始建立它们的市场战略。产品推出前的第一步关键战略是建立一个品牌社群。Soma 通过 Kickstarter 上的众筹，已经有一个由众多支持者组成的社群。但 Soma 希望能够继续扩充这个社群，将众多有影响力的博主和编辑吸引进来。

迈克认为让人们为产品激动的最好方法是让他们在一般人之前优先体验到产品及它的独特特性。于是他们决定举办几场隐秘的高级晚宴。Soma 与 *Dwell* 杂志合作，在加利福尼亚州的威尼斯一座设计完美的别墅里举办了一场晚宴。他们与《纽约时报》和 *Vogue* 等主要出版物的编辑一起，在纽约市举办了另一场晚宴。他们还与硅谷的极客们在旧金山举办了另外几场晚宴。

这些晚宴非常私密，每次只有 20 人参加。宾客们不允许讨论晚宴，也不允许使用社交媒体。举办地点直到晚宴当天才被揭晓。晚宴的目的是邀请有影响力的人物加入 Soma 的社群，并在不多谈论产品情况下，让大家隐约了解这款产品。迈克不希望产品成为晚宴的主题，他的目的是客户体验和壮大社群。迈克说，“我们并没有告诉宾客很多关于 Soma 的事情。我们只是招待他们度过一个绝对精彩的夜晚的同时，向他们讲述我们社群的故事。我们在现场播放了世界水资源基金会的视频。于是宾客们知道我们的愿景是回馈和可持续发展。他们饮用从 Soma 滤水壶中倒出的清水。他们看到 Soma 滤水壶在桌子上是如此漂亮。他们见到了其他喜爱 Soma 产品的同好。”

新闻报道比广告更有用

第二个关键战略是在产品发售前组织好媒体攻势。迈克说，“我想说的是，要想成功推介你的产品，你必须在计划万无一失后才开始行动。于是，我们竭尽所能，联系了很多新闻媒体。”他们的忙碌得到了回报，在Soma的产品正式公布前，已经有40多篇相关报道在坊间流传。

和在Kickstarter上为众筹造势不同，对于9个月之后的产品发售，他们将媒体工作分成两部分，一部分由自己完成，一部分外包给一家公关公司。他们意识到需要一些外部帮助才能与那些没有瓜葛的顶级出版物建立联系。

在Kickstarter众筹开始以前，迈克被介绍给了GOOD的联合创始人本·戈德什(Ben Goldhirsh)。本说，“我们很注重建立社群。我们有很棒的杂志。但我们依靠在线网站社区来与顾客和粉丝展开对话。你为什么不也这样做呢。你可以现在我们的网站good.is上发表文章，关注喜欢的作者，融入这个大社群中。”

于是迈克开始按照本的建议行动。在众筹开始前的一刻，他还发表了一篇关于Soma的博文。在文中迈克阐述了为什么要创立Soma，为什么Soma很重要，Soma与Good社群有什么联系。这篇文章通过电子邮件被发送给了GOOD上所有的订阅者，它成为最初的动力之一。Good.is成为Soma众筹资金的最大来源。

到了9月，当Soma正在筹备产品发行时，迈克找到本，说道，“GOOD有着Soma在Kickstarter上众筹时最大的支持群体。我认为这很酷，我想和GOOD社群一起庆祝Soma滤水壶的发售，告诉他们这个故事。同时也强调我们的产品要正式发售了。这样即使你没有支持我们的众筹，现在你也有机会买一个我们的产品了。”

这封致GOOD社群的公开信被发送给所有用户，并成为销售的最大动力。Soma在GOOD上的销量比那些有着超过10倍流量的渠道还要多。对Soma来说，GOOD非常适合他们的长期狂热粉丝。

通过预热活动造势

在产品发售前的一个星期,Soma 发起了一场预热活动。

从 Kickstarter 上的众筹结束到 Soma 滤水壶正式发售前的一周,Soma 官网上只有一张滤水壶的照片和一句话,“Soma 是智慧、漂亮、可持续发展的结合体,注册来获得关于 Soma 发售的第一手消息。”这个网页一直用来收集用户邮件。

到最后一周,网页的背景色由白色变成黑色。网页上出现了一个神秘的 Soma 水瓶图片和发售倒计时。配文是,“获得有限的第一批购买资格”。这更渲染了神秘的气氛,勾起了客户的购买欲,进而收到了更多用户邮件。

在发售当天,网页背景又变成了明亮悦目的白色。他们调亮了网站,第一次让 Soma 滤水壶可以通过网站购买。迈克说,“连续不断的造势活动非常重要,这是整个宣传活动的关键。”

这个战略奏效了。他们吸引的关注高过天际,他们的销量也远超预期。但这只是 Soma 的开始。在他们庆祝发售成功不久,他们开始聚焦他们的第一个节日旺季。

在成百上千种竞争注意力的产品中,Soma 滤水壶如何才能脱颖而出,让人们将它放在圣诞树下?

为了实现这一目的,他们参加了 2013 年 11 月至 12 月间举行的“神圣细节”展览。这个展览囊括了 40 件当年设计最为精巧的产品。展览的目的是转变美国人的购物理念,从注重数量向注重质量转变。

神圣细节由纽约的两个设计师蒂娜·常(Tina Change)和埃斯特·孟(Esther Mun)举办。当游客走进展馆时,他们会看见 40 件展品。每个展品都由专业写手撰文介绍。如果你喜欢某件展品,你可以花钱把它买下来。但这和在一个拥有 200 件商品的普通商店购物是完全不同的感受。这里没有购物车和购物篮,没有什么东西能够阻挡顾客与产品的故事接触。

迈克说道，“展览的目的是让顾客自问为什么他们看待一件商品会和看待一件艺术品不同？为什么我们不能选择那些我们想保留一生的产品，并细心对待这件商品？然后再仔细想想所有的展品都具有可持续发展的特性，其中有没有社会公益方面的考虑？它们会如何影响我们的生活，会如何影响环境？我们喜欢它，它就是 Soma。”

关于如何创造最优质的产品并把这些产品介绍给顾客有不同的观点。一方面，你可以向乔布斯那样。乔布斯带领苹果，创造了一系列我们无法想象的开创性产品。我还记得我第一次见到苹果手机的情形。我被这台能够让我网上冲浪、安排会议、查阅邮件的手机所征服。关键是这台手机在实现强大功能的同时，还拥有完美的设计。当我第一次把手放在苹果手机上（那是在一场曼哈顿的夜宵上）后，我在凌晨两点来到苹果专卖店，买了一部手机。

乔布斯认为，那些真正有意义、设计精良、能够改变游戏规则的产品——指那些能够让顾客在午夜去排队购买的产品，必然是那些顾客从没有想象到的产品。他认为作为一个销售，他的任务就是告诉顾客他们到底需要什么。乔布斯经常引用亨利·福特的名言，“如果我问顾客他们需要什么，他们会告诉我他们需要一匹更快的马。”

另一方面，你也可以像所有的初创企业那样，将目标聚焦于获取消费者的反馈和意见，根据他们的需求不断修改自己的产品。这种方法让产品设计师可以根据反馈不断地迅速改进产品，最终满足客户需要。真的，整个过程就像通过不断实验来了解客户需求。

Soma 同时采取了两种方法。迈克说，“我认为 Soma 在两方面花费了同样的精力。一方面，我们的观点非常鲜明，我们从设计出发，注重可持续发展。在我们设计产品时，我们设计的重点是客户体验。我们希望我们的产品能让你的生活变得更轻松。Soma 的核心是给予。我们不希望设计一件仅仅让我们的顾客受益的产品，它必须能够同时帮助那些最需要帮助的人们。这是我们的品牌传承。令人高兴的是，我们通过客户调查发现，这也是我们用户的共同愿景。第一，他们希望设计精良的产品；第二，他们希望产品可以为可持续发展做贡献。”

Soma 拥有原料环保、设计精良的产品，同时他们通过不断地与顾客互动，进行公益活动，拥有了一批忠实且不断壮大的拥趸。Soma 也正不断地培育它们的社群。

关键信息

有两种方法能够让你接触客户，传达你的真实意愿，并与他们建立牢固且长期的纽带。

1. 体验比广告更重要

真实源于真诚。当社会企业的行为与它宣扬的价值观一致时，它便获得了被人们关注的权利。行动比语言更有力。社会企业必须通过它们的实际行动来说服人。这比任何事情都重要。这样才能和顾客之间建立真诚的纽带。当一家企业用心设计出一件体验良好的产品时，顾客会明白企业的良苦用心。

对这种额外投资的回报是使客户感到更加满意。这种额外的满意度不仅能增加客户忠诚度，也可以让这些品牌支持者主动宣传你的产品，这比所有广告都要有力。

对产品最真实的感受来源于顾客在产品各个阶段获得的所有体验。一个品牌的建立需要在各个节点不断与顾客进行交流——从最初聆听客户见解到售后服务。要创造有意义的客户体验需要不断地打磨。

从最初到最后，你与你所关心的客户之间不断地交流能缓解他们生活中的烦恼并给他们带来满意与享受。

关键问题：在与顾客的互动中，我们有哪些机会来打动他们？

2. 诚实比完美更重要

对公益组织而言，它们通常具有更高的标准，这让它们比一般企业更受尊重。这些社会/环境标准永远不该被降低或妥协。事实上，公益组织应该永远努力前行，但这并不是要求它们必须变得完美。

亚历克斯·博古斯基(Alex Bogusky)曾被《广告周刊》评为这10年最具创造力导演。他说顾客们通常会理解公益组织。“一旦他们知道你正在做的事,他们会原谅你。世界上没有完美的人。公司只是一个组织,他们是一群个人的集合体,所以它们不可能是完美的。”

组织的透明度正在上升。现在顾客有越来越多的手段和方式来观察企业的整个运营流程,从打包到营销,公司所做的一切都会让顾客评判这是否符合他们的价值观,是不是理想的产品。在一个透明度不断提升的世界里,社会企业必须保持诚实,而不是完美。

关键问题:在哪些方面,我们需要向顾客坦承我们的缺陷?

第六章　通过群体扩大规模

你的产品已经正式发售并且市场反应良好。你的产品和服务正炙手可热，媒体和用户好评不断。你有了丰厚的收入和用户基础，成长的机会看起来很美。在一场成功的发售以后，这一阶段看起来令人激动而满足。但即使是对最成功的创业者而言，这一阶段的失败概率依旧很大。为了维持利润与收益之间的微妙平衡，更让保持增长这个目标变得更加困难。

一个社会企业如何能够巧妙地成长，它如何能在扩大规模的同时妥善应对外界压力，保持初心？如何防止创始人对企业的领导变得薄弱？问题的答案是通过组织内部建设和外部群体建设。

从一个只有 5～20 人的办公室开始，到逐渐成长为一个拥有上百名员工，在全国各地拥有多个机构的企业，最初将创业者们聚集到一起的价值观与使命感可能随着各种管理问题的冲击而逐渐扭曲变味。仅仅是处理那些最基本的商业和组织问题就让人筋疲力尽。员工招募、产品销售、库存控制、IT 系统，各种问题会耗尽创业者们的精力。随着各人的职责逐渐细化，人们会更加沉浸于各自的部门或团队事务，进而削弱了整个公司的沟通与协调，影响了整体决策能力。同时，大量新人的涌入会在潜移默化间改变企业文化、工作环境、同事间的交流习惯和对待客户的方式。所有这些公司内外部的触点间接构成了企业文化，它们的改变会削弱创立者对企业的控制。

这意味着随着企业的成长，创业者需要更多着力于培养企业文化，坚决而有意识地以各种方式将整个公司团队绑定在企业价值观和目标上。本书中记载的创业者们采用了很多行之有效的方法来实现这点。

让目标变得真正有意义

当罗博·卡林开始构思 Etsy 平台时，他受到两本书的深刻影响。首先是《深度经济》(*Deep Economy*)，这本书介绍了如何创立当地经济体，第二本是《小即是美》(*Small is Beautiful*)，这本书论述了关于全球化带来的经济增长与人道主义代价之间的争论。当 Etsy 还只是一个 15 人的小公司时，罗博给所有员工发了一本《深度经济》，同时在办公室的各个角落里放置了许多《小即是美》。罗博希望 Etsy 能够成为一家代表书中价值观的公司，为此他写下了目标宣言："Etsy 要将人们带回那个从鞋匠手里买鞋，从面包师手里买面包的时代。"公司的目标是将人们重新连接在一起，让商业交易变得更加人性化。但随着公司的迅速发展，Etsy 的企业文化逐渐偏离了早年的精神。

新公司繁杂的日常运营事务占据了创业者的精力，他的关注点转向各种琐事，例如挽留正确的员工、开除不称职的员工、制定合理的预算以及应付诉讼。随着公司逐渐成长，他们开始能够吸引一些明星员工，他们从谷歌等大公司吸引人才，帮助实现公司扩张。尽管这些专业能力极强的新血液的加入能够迅速让野蛮扩张的公司实现良好的工作秩序，并为将来的成功打下良好基础。但同时，公司原来的核心价值观被忽略了。

增长仍然在加速。2007 年，罗博在柏林建立了 Etsy 欧洲总部。他在那里有很高的自主权。在柏林，罗博开始重拾公司最初的社会和环境目标。在 2009 年的时装周，他发起了一场名为"时尚不等于工业"的运动。"我们想唤起人们对于快速时尚所带来的生态和社会后果的重视。"罗博回忆道。快速时尚的发展已经产生了太多毫无意义的一次性服饰。

不久，罗博和他的妻子有了他们的第一个孩子。这令他更多地去思考他的生意对环境的长期影响，以及诸如气候变化之类的问题将如何影响下一代的生活。在 2009 年和 2010 年，他连续参加了两届世界经济论坛。在会上他和来自世界各地的商业领袖们一起讨论如何应对各种迫在眉睫的全球问题。他开始练习冥想，同时接触了主张万物皆有缘的佛教思想，尤其是正命思想。正命是佛教的八正道之一，要求人们过符合戒律的正当生活。受此影响，罗博决定通过他的工作，为社会和环境创造更多有益的影响。

罗博决定他要么离开 Etsy，开始一段新的生涯；要么将 Etsy 变成一家更加注重社会公益和环境保护的公司。几年后，罗博回到布鲁克林，开始构思修改公司的目标章程。他觉得公司最初的目标并不够振奋人心。罗博和他的团队起草了责任宣言。他们引用了巴克明斯特·富勒的名言，“你永远不能通过斗争来改变现实。要想实现革新，你必须要创造一个更完善的模式，以此取代现有的落后模式。”草根运动“让你的存款动起来”的成功也给了他们信心。活动号召人们在同一天走进银行，取出他们的存款，以此表达对银行现行职业道德和价值观的不满。在一天内，抗议者们一共取出了 40 亿美元，这对银行业是一个强有力的警示信号。

为了更好地践行公司的价值观，管理层决定更进一步，采取马特·斯丁奇科姆和罗博·卡林谈论了多年的计划，将 Etsy 建设成一家共益企业。在申请认证的过程中，他们发现他们的公司只是勉强达到共益企业所要求的最低环保要求。最后他们获得了共益企业认证，但他们决定将这作为一个新的开始。他们意识到必须让所有的雇员参与进来，在公司内创造一股支持社会公益与环境保护的氛围。于是 Etsy 在公司内部设立了“共益企业日”。

在共益企业日，整个办公室停工一天，所有的员工都设法为提升公司的社会和环境表现出谋划策。他们决定利用共益企业评分体系作为指导。这个体系为公司在社会公益方面取得的进展提供了明确的衡量标准。

所有员工被分为若干个小组，每个小组都被要求提供一个建议。哪个小组提出的建议能够最切实有效地提升公司在共益企业评分体系中的分数，这个小组将取胜并获得奖励。

员工们在共益企业日那天想出的方法引领了许多后续行动：追踪公司整个生态足迹、为员工子女提供日托服务、创造志愿者平台，为女性雇员提供培训项目，鼓励她们在公司业务中发挥更多的领导作用。但创立者们认为共益企业日最大的收获在于，通过这天的活动，管理团队成功地将员工的注意力聚焦于新近设立的公司目标。他们也发展了一批核心雇员，他们将致力于维持大家对于公司社会公益目标的关注，同时不断采取新的措施来践行社会公益事业。Etsy 将此作为员工的年终评分项目之一。

Etsy 的创立者们能够清醒地认识公司的文化潮流，采用简单有效的方法来设立新的目标，并在全公司范围内推广。另一家通过简单方法就成功地令数量不断增长的公司雇员全盘接受公司目标的企业是沃比·帕克。

提升员工敬业度

尼尔·布卢门撒尔在高中时期是学校篮球队的队长。他生在纽约，长在纽约，一直是 NBA 纽约尼克斯队的忠实拥趸，讨厌临近的布鲁克林篮网队，尽管他的很多客户就是篮网队的球迷。尼尔的学生生涯在各种运动队中度过，不出意外地，他的管理哲学也受到了他在运动队中经验的影响。

尼尔将沃比·帕克的员工们视为一支球队，而不是许多公司宣称的那样将员工视为一个大家庭。尼尔解释了这种区别的重要性，“球队和家庭的不同之处在于，在球队里，每个人都报名，志愿参与这项运动，因为大家有着坚定追寻的目标，相信他们正在做一件伟大的事。没人能够选择他们所处的家庭。我们生下来就在各自的家庭，在大部分时间里，这也不错。但当一个醉酒的长辈毁了全家的感恩节，无论你是否喜欢他，他依旧是家庭的一员。相反地，要加入一支球队，人们需要接到球队邀请，并同意邀请。因此在加入球队之前，队员们就必须表现出足够的才能、潜力以及加入意愿。另外，当球队为一个伟大的目标一起奋斗时，他们必须确保每个队员付出努力。当一名队员没有发挥全力时，他将受到队友的批评，并被教练扔到板凳席上。这样，整个球队以及球队的奋斗目标将被置于单个队员之前，即使这个队员是队内最大牌的选手。”

作为球队的教练，尼尔需要培养自己的领导能力。他承认他的天性让他倾向于被爱戴而不是被尊敬。但他知道要成为一名优秀的教练他必须建立自己的威信，特别是与员工间的信任与责任感。尼尔知道他需要进行一些适当的练习。

队伍扩张得很快。在2012年，沃比·帕克的员工人数从100人上升到175人。到2014年，员工人数增长到250人。为了应对员工人数的增长，管理团队有效地采用了一种基础管理工具，一种5—15周报。

他们从运动品牌巴塔哥尼亚的创始人伊冯·乔伊纳德(Yvon Chouinard)那里吸取了灵感。这种报告的理念在于，每周，每个员工都要写下这周他完成的工作以及下周的工作计划。5—15周报的秘密在于它的简洁性。撰写和阅读周报的时间不应超过15分钟。周报的目的是双重的：总结你已经完成的工作，并为下周做好计划，这样你可以完成更多。

尼尔和他的团队将这种报告“沃比化”了一下(尼尔的原话，不是我加的)，在5—15报告的基础上增加了两项内容。每个沃比·帕克的雇员被要求提出一个创新性的想法。这可以是一项革命性的建议，也可以是一点细微的改变。但所有人必须提出一个想法。其中一个典型的例子是关于公司休息室的。设想非常简单，但效果却出人意料的好。一位雇员注意到大家经常为了使用公司厨房的水槽而排队，因为有很多人会在水槽前给自己的水壶蓄水。她建议在休息室外放置一台净水器。管理团队很欣赏这个建议，并立即根据建议采取了措施。这个点子并不会改变公司的目标，但这种迅速反应给了员工们一个信号，让他们意识到他们的意见无论大小都会得到公司的重视。沃比·帕克是一个注重新想法的公司。此外，作为5—15报告的一部分，雇员们被要求按从1到10评价各自的快乐指数。这样做的目标是为了仔细监控员工的满意度。这个小措施让管理层能够注意到哪些下属的情绪正变得低落，并及时采取措施来帮助他们。同样，这也是一个强烈暗示，让员工意识到管理层时刻关注着他们的感受。

5—15 报告仅仅是一个工具。和其他管理工具一样，它的有效与否取决于很多因素。为了让 5—15 报告变得更有效，管理层必须参与这个过程，认真对待报告。用好 5—15 报告的两个关键要素是迅速反馈和将之与公司长期目标结合起来。

管理层在接到报告的第二个工作日就要向员工做出反馈。这样做的目的是要让员工们认识到 5—15 报告制度并不只是流于形式。他的上司将报告的优先级置于所有事务之上，并会仔细浏览斟酌员工的想法。经理会亲自告诉员工他的想法是否会得到采纳，以此让所有人知道及时听取员工想法是管理层的首要目标。

5—15 报告的另一个优势在于，通过撰写 5—15 报告，它按周回顾了每个员工和团队在向公司整体目标上的进展状况。尼尔强调，“如果 5—15 报告执行状况良好，它们实际上提供了我们如何实现年度目标的进度图。我喜欢这个。”这些报告帮助经理们了解如何设定团队内部的工作重点，以及是否需要转换工作重心以配合公司整体目标。

野蛮生长

通过与塔吉特公司合作，美方洁在向全国各地扩张的过程中取得了现象级的增长，每年的增长率都接近 200%。到 2006 年，美方洁已经是全美增速排名第七的公司，令人注意的是它还处于一个衰退中的行业。他们用了不到 8 年，即实现了 1 亿美元销售额。

随着美方洁的迅速发展，这个行业内的大男孩逐渐吸引了业内大公司的目光。显然绿色清洁用品的销路很好，于是业内其他公司也开始生产销售各自的绿色用品。这时候美方洁的创立者们开始认识到他们最初设立目标时所带来的乘数效应，见识到了商业活动在引领社会变革中的巨大力量。美方洁并不认为这些竞争者们窃取了它们的创意，美方洁将自身定义为一家创新企业。它提出理念、验证理念，最后引领业内的大公司逐步接受它们的理念，跟随它们的产品。这样做的好处是市场上拥有优质设计和环境友好的产品数量成倍增加。通过证明绿色产品的确存在巨大市场，美方洁的尝试成功改变了整个清洁用品行业。它证明了公益目标能够带来利润。

随着公司规模扩大，美方洁开始通过各种手段来扩大品牌影响力。它们在家庭电视购物网上播放电视剧，开发了汽车清洁用品品牌 Vroom 和一个空气清新剂品牌，还新增了一条身体护理用品生产线。亚当和艾瑞克回忆道，“(美方洁)并没有遵循传统的创业企业发展轨迹，它的发展迅速而野蛮。这种发展担得起外界所有的赞誉与感叹，但至少在一段时间内，掩盖了企业的错误和弱点。”

对所有企业来说，实现品牌扩张是企业增长过程中最困难的部分。连那些巨型企业也经常做出错误的决策。想想可口可乐失败的变更配方行为，或者最近才发生的脸书电话。在决定增加一条全新的生产线，或者将你的服务扩展到新的领域时，你必须谨慎行事。你需要全面评估你的新举措是否符合你的整体战略，是否与你的长远目标一致。对社会企业来说，扩张的压力不仅来源于对一般企业保持增长的要求，也来源于企业目标带来的使命感。如果一个项目能够切实帮助城市里那些底层青年，难道你不该考虑尽力推广你的项目吗？如果你的产品能够让人们的家庭生活远离有毒化学物质，减少固体垃圾和生活废水中的毒素残留，你不该生产更多产品吗？但是如果你缺少正确的分析和执行措施，即使是那些看来十拿九稳的品牌扩张行为也会遭遇挫折。

在美方洁的疯狂扩张中，一个各方面都看似完美的新产品就给它们上了严厉的一课。告诫它们在产品上市前，需要仔细策划并且做好充足的市场调查与研究。当时亚当和艾瑞克已经关注个人护理用品市场有一段时间了。从一开始就有顾客写信询问美方洁为什么不开发个人护理产品。此时开发个护生产线似乎是理所当然的行为。美方洁早就开始生产手工肥皂，那为什么现在不更进一步，发展个人护理用品呢？

但亚当和艾瑞克知道他们必须为个护用品带来新的内容。不像家居清洁用品，许多大型企业的个护产品包装都经过精心设计，所有能够想象到的外观设计都早已出现在超市货架上。如果美方洁想继续以外观设计为卖点，它们需要有更多的创意。它们发明了一种方形的瓶子，可以像乐高积木那样叠在一起。瓶子的手感类似肥皂，他们将新的产品线命名为Bloq。

尽管 Bloq 拥有伟大的外观，但它最终还是因为一些更基础的原因失败了。首先，他们这次利用业务来驱动品牌，而不是用品牌来驱动业务。美方洁因为个护用品诱人的利润而加入市场，但在这个领域他们没有在家居用品领域那么独到的见解。此外，在家居清洁用品领域，他们敏锐地抓住了大众观念变化的趋势，成为这一细分行当的领头羊。但在个人护理领域，使用纯天然原料生产产品已经持续了好多年。

美方洁的市场调查也进行得并不成功。从一开始它们就过于乐观地预估了产品销量，进而生产了大量存货。最后他们不得不主动报废了大量产品，并将大量崭新的包装瓶进行回收再利用。

保持奇迹

在个护产品遭遇滑铁卢的同时，亚当和艾瑞克注意到公司的内部文化正在逐渐失控。

公司的迅速增长很大一部分源于美方洁内部联系紧密，犹如家庭般的氛围。但随着公司规模扩大，他们原先独特的企业文化正逐渐流失。于是他们把美方洁在世界各地办公室的员工召集到一个地方进行脱产会议。会议的一个目的是从员工处获得大家对于公司文化的真实想法。亚当和艾瑞克竭尽全力，在会上为员工创造一个说出真实感受的环境。

一些员工的反馈显示美方洁需要进行内部改进。员工们想要更多的职业生涯规划培养，希望得到公司的反馈。他们想要更好的入门培训和持续的专业培训。“基本上，人们想要更多更清晰的员工级别和内部流程。”美方洁粉丝俱乐部的主席安娜·博雅斯基(类似于宣传主管)说道，“在我们还是小公司时，内部流程并不重要。公司内部的流程链很短，而当时公司正保持增长。”

亚当和艾瑞克希望他们的公司能够给予员工们最大限度的自由。从一开始他们就尽量缩减公司的员工级别，希望以此给予员工更高的自由度。但具有讽刺意味的是，当企业发展到一定程度时，人们希望员工分级。与第一反应不同，企业分层有助于提高员工的自由度。当企业有着清晰的员工分级，不同级别员工拥有各自的定位以及相应的行动指南时，员工们可以更好地将精力专注于本职工作，提升工作质量。

亚当和艾瑞克知道只是简单地设立一个使命或愿景宣言并不足够。谁能一直记得这些呢？他们觉得最好的做法就是聆听。他们询问美方洁的员工们，他们眼中的美方洁企业文化是怎样的，仔细记录下员工们的回答。他们记了整整一本笔记本。回到旧金山后，他们翻阅了整本笔记本，希望从中总结出一些大家都认同的核心价值。他们希望员工们拥有共同的信仰，而不是对他们进行枯燥的说教。“我们面临的挑战是，作为一家公司，如何让我们的奇迹保持下去，”共鸣员（类似于工程主管）鲁迪·贝克尔（Rudy Becker）说道，“当你还是小公司时就取得成功是一方面，但现在的问题是如何让成功随着公司的成长一直保持下去。我们知道支撑公司到今天的特质是什么，我们不希望失去这些特质。如果我们失去了它们，那就意味着我们不再配得上之前的成功。”

亚当和艾瑞克知道他们的价值观必须反映他们最初的目标。于是美方洁内部成立了一个称为“价值标杆”的团队。他们将全程关注并总结美方洁的核心价值观。下面是他们总结的结果：

- 保持美方洁独特
- 想一想麦吉弗会怎么做
- 要创新，不要模仿
- 合作、合作再合作
- 像偏执狂一样认真
- 以上五点合起来就是美方洁价值

从现在回头看，亚当和艾瑞克在整理制定公司文化上花费了很多时间。但他们成功应对了挑战并牢固确立了美方洁的企业文化。如果你走进美方洁的办公室，你会发现大部分员工的办公桌上都有 5 张用金属环串起来的小卡片。每张卡片的正面都写着美方洁的 1 条核心价值，背面则写着如何将这些价值观应用于各自的工作。问题的关键点在于，这些核心价值观永远就在员工的手边，而不是公司人事的办公室里。

忙碌之后的艰难决定

在美方洁的个护产品失败后不久，2008 年金融危机席卷整个市场。美方洁的销量受到重创，与此同时，它们又面临着新的挑战。行业内其他大型企业也将它们研发的绿色清洁用品推向市场。美方洁处于一个关键的十字路口。艾瑞克和亚当意识到他们得重新思考公司的运营模式。而且他们必须尽快做这件事。

在美方洁的成长历程中，它们经历过很多次挑战。每次它们都全力以赴，努力应对，最后得以安然渡过难关。例如当初他们被要求将产品摆上至少 800 家商店的货架，他们拼命努力最终达到目标。当他们被要求在塔吉特公司上架产品前生产足够的瓶子，他们奇迹般地完成了任务。但过去那种只要通宵工作就能完成任务的日子已经结束了。公司的规模已经很大，一些细枝末节的修改已不能治愈公司的痼疾。他们必须仔细审视公司的运营并缩减公司规模。这对于任何一个公司领导层来说，都是最为艰难的决定，特别是当整个公司是由你一手建立起来的时候。但如果这样做，公司很可能会因此而陷入衰退，最终破产。

无论财务部门如何努力减少赤字，很明显他们必须做出重大裁员才能维持公司生存。亚当和艾瑞克始终向员工们公开公司的财务状况，于是所有人都知道裁员是不可避免的。但这并不意味着解雇员工变得更加简单。他们决定裁减 10%的员工，这是一个艰难的决定。

他们同时决定放弃公司盈利最少的业务。于是他们裁掉了个人护理和空气清洁剂的生产线，出售了所有设备，并停止与那些不赚钱的零售商合作。他们也做了一个所有创业者在公司发展到一定规模时都会采取的措施，为了应对公司管理能力的不足，他们从外部招募了一名运营管理经验丰富的职业经理人来领导公司度过危机。这些都是艰难的决定，但它们确实奏效了。到2010年，美方洁恢复了之前强大的盈利能力和增长速度。

在成功度过经济危机并且恢复活力后，美方洁不久又面临着成长路上的又一个常见挑战：公司已经成为收购者的首要目标。

出售股份并不意味着卖掉一切

2011年，美方洁开始接到许多大型跨国家用化工企业的询价。亚当和艾瑞克决定即使他们最终卖出公司股份，也要确保美方洁能够恪守最初的理念。许多成功的社会企业最终会被更大型的企业收购，这些收购行为经常会受到外界批评。诚实茶在2008年被可口可乐收购。Kashi在2000年被家乐氏收购。冰激凌本杰瑞则被卖给了联合利华。这些并购案例都集齐了品牌支持者的抗议。但如果收购方本身支持社会企业的理念，或者同意企业秉持原有的原则继续发展，那么这种并购并不会让社会企业放弃原有的价值观和运营模式，甚至连其独特的公司文化也能够得以保留。

在经过仔细考虑了所有选项后，美方洁的创始人和董事会最终决定将公司出售给Ecover。它是欧洲地区最大的天然家居用品制造商。Ecover有着与美方洁类似的价值观。它是一家比利时公司，由一群致力于开发无磷洗洁剂的人士在1979年创立。

Ecover在2012年5月正式收购了美方洁。经过这次收购，Ecover成为世界上最大的绿色清洁用品生产商。Ecover官方宣称，美方洁可以继续保持其一贯的价值观和产品理念。

这次并购将美方洁的产品带到了欧洲、亚洲和澳大利亚。并购后带来的扩张让Ecover可以建造欧洲地区第一家可持续生产基地。同时，利用Ecover提供的管理经验和财务支持，美方洁也得以建造它们的第一家工厂。这家工厂位于芝加哥的南部郊区，占地15万平方英尺，是一家经过 LEED 认证的肥皂制造厂。这让美方洁在它们承诺的可持续发展理念上更进一步。

美方洁幸运地找到一家更大的绿色公司来收购它们。但对于社会企业而言，如果它被一家并没有类似理念的大公司收购，出售行为也可能让社会企业离它们的公益目标更进一步。大型企业不仅能够提供可持续发展必需的管理经验和资金支持，也会吸收被收购方的理念与使命感。这就是伯特小蜜蜂收购案中的情形。

从路边摊到大公司

在 2007 年的万圣节，伯特小蜜蜂的员工们聚集在一个会议室里，焦急地等待着一封秘密声明。两个穿着蜜蜂服装的人出现在会议室，宣布了一个将会改变两家公司命运的决定。

这两个穿着蜜蜂服装的人分别是高乐氏的高级副总裁和伯特小蜜蜂的总经理。他们宣布高乐氏将以 9.25 亿美元的价格收购伯特小蜜蜂。大家所钟爱的纯天然产品品牌将投入一家知名化学品公司的怀抱。

伯特被完全出卖了吗？

这次出售看起来有些荒谬。但两家公司都对这次收购进行过深思熟虑，并仔细考量了以后的发展战略。

高乐氏的新任 CEO 唐·克瑙斯（Don Knauss）一直想将高乐氏打造成一家更加环保的公司。此外，在那年春天，高乐氏即将迎来自己的成立 100 周年纪念日。高乐氏的管理层希望以此为契机，能够以更具有前瞻性的战略规划、优化，或者说重新定义高乐氏品牌。为此，克瑙斯专门进行了一项研究计划，以评估高乐氏如何才能在满足现有客户需求的同时满足环保的要求。

研究结果显示高乐氏的客户们最为关注他们和家庭的健康状况，他们同时也支持可持续发展的观念，但这排在第二位。同时相比整体环境，高乐氏的客户们更关心自己的家庭环境。这说明了相比于高乐氏产品对整个环境的影响，他们更看重日常生活中孩子的安全状况。如果一种产品能够对环境造成积极影响,或者较少负面影响,那将是一个加分项。经过研究,高乐氏决定开发一些更健康、更环保的产品。他们决心以此将自己与竞争对手区分开来,进而占领更多的市场份额。

高乐氏采取的措施之一是建立纯天然产品的生产线。同时公司也决定收购那些与公司战略一致的公司。伯特小蜜蜂是一个很好的选择。伯特小蜜蜂增长迅速。高乐氏知道凭借自己强大的销售网络和营销能力,它能让伯特小蜜蜂的增速更上一层楼。但更大的问题是,公司的宗旨是否得到对方认同。

这次收购会让伯特小蜜蜂的生产原料从纯天然变成人工合成吗？公司文化是另一个隐患。那个万圣节,很多会议室里的员工都在担心当伯特小蜜蜂这个小小的创业公司被业内巨头收购以后,会面临怎样的发展道路。问题和忧虑不容回避。高乐氏会继续遵循伯特小蜜蜂当初的使命吗？随着伯特小蜜蜂成为高乐氏的一部分,它会在今后的发展中逐渐被同化吗？

尽管伯特的团队有些不安,但所有人都知道随着这次收购将给伯特小蜜蜂带来巨大的发展潜力。

在决定发展成为一家可持续发展的公司,并且收购了伯特小蜜蜂之后,高乐氏的 CEO 决定建立一个内部生态战略办公室。他认命了内部环境主管比尔·莫里西(Bill Morrissey)来领导这个办公室。这并不是复杂的事。比尔在观察了伯特成立以来的运营方式后,决定将它作为高乐氏可持续发展的内部榜样。

高乐氏刚刚建立自己的生态团队,他们花费了很大精力,努力从公司外部获取资源来寻找最好的出路。但伯特小蜜蜂将会证明它们是一项尤为宝贵的资产。

废物搜寻

高乐氏向伯特小蜜蜂学到的可持续运营的其中一个例子是减少自身的废弃物产出量。从 2010 年起,伯特小蜜蜂的生产过程中就再也没有产生过一点儿固体废弃物。它利用各种方式将废弃物再利用。高乐氏在实现降低自身废弃物产出量的目标时，从伯特小蜜蜂这儿学到了不少。

工作日上午9点，高乐氏位于费尔菲尔德的漂白工厂已经开始忙碌，进入全速运转状态。但这天早晨，工厂里一个员工也没有。他们都聚集在工厂的停车场里。工厂的垃圾倾倒在停车场上，空气里弥漫着难闻的气味。员工们穿着工作服，戴上手套，兴致勃勃地冲进废物堆里。

“废物搜寻”是伯特的一项传统活动，如今高乐氏也采取了相同的措施。在废物搜寻日，垃圾被堆放在停车场里，所有的员工都要在垃圾堆里找到可以回收再利用的废物。废物搜寻日是一种有效而切实的方式。通过它，公司员工们增强了废物利用的意识和废物管理的能力。进而令高乐氏离零废物产出的目标更进一步。大部分员工都被垃圾里可循环利用部分的数量所震惊。

显然提高废物利用率并不仅限于废物利用日当天，没人希望第二天一切又恢复原样。于是员工们在废物利用日当天决定采取更多不同行动来进一步减少浪费。在费尔菲尔德的工厂，员工们在工厂各处安放了7个大型回收箱，这样员工们就能够很方便地将可循环废弃物与一般垃圾区分放置。

每个采取了废物搜寻日活动的高乐氏工厂的垃圾产量都降低了约50%。高乐氏决心到2020年，在12家工厂实现零垃圾产出。目前，已经有6家工厂接近实现这个目标。

更加可持续的供应链

伯特小蜜蜂帮助高乐氏实现可持续经营目标的另一个例子是带来了天然原料供应链管理的相关经验。

高乐氏知道供应链管理是它们需要改进的地方。2006年，在收购伯特小蜜蜂之前，高乐氏就开始关注可持续原料供应。但这离他们真正入行还很远。通过收购伯特小蜜蜂，他们获得了世界上领先的可持续供应链管理能力。

在收购行动之后的第一个人事变动是高乐氏任命了原伯特小蜜蜂的供应链经理同时参与管理高乐氏和伯特的采购工作。她的职责类似于公司内部的咨询师。她将帮助重塑公司的供应链管理，使之实现可持续的目标。

在新的供应链经理加入之前，高乐氏对于供应链管理的关注重心在如何让高乐氏自营工厂的生产过程，包括运营足迹、制造过程、分发足迹以及产品组合等变得更加可持续。问题是高乐氏如何能在它们的产品及生产过程中做出更加可持续的改进。高乐氏开始做出自己的尝试。

高乐氏在自营工厂的行动非常迅速。"当你在考虑水电能耗和温室气体排放量时，在伯特我们实际上开始采纳高乐氏制定的目标，因为他们当初制定了非常高的标准。"宝拉·亚历山大(Paula Alexander)说道。

化工行业的主流观点是生产商只需要对自己的产品负责，对于供应商和上游制造商做了什么则不去过问。伯特小蜜蜂并不接受这种标准。它们不仅对自己的生产过程负责，也同时关注供应商和上游生产商的行动。

伯特小蜜蜂和高乐氏在消费品市场的地位类似于配方师和营销师。"人们通常认为我们是化工公司，"莫里西说道，"但我们不是化工公司，我们从上游供应商那里采购化学原料和产品包装，但我们的责任并不在我们发货以后结束。我们会对产品的整个生命周期负责，从原材料生产到摆上超市货架。"高乐氏采用了伯特的做法，要求它的供应商在运营和采购过程中也采取可持续模式。

高乐氏制定了新的目标。高乐氏为它们最大的200家供应商制定了一系列强制性的可持续标准，这些标准被称为"可持续向量"，希望通过这些标准能够将供应商的可持续度提高80%。此外，高乐氏也考虑将产品中一些不可再生原料替换为可持续原料。

"我想说伯特在可持续供应链方面产生了巨大作用，"莫里西说道，"我们采取的措施或许不如它那么坚定，但已经比我们过去的作为进步了很多。我们都知道要完全实现可持续是一条漫长的道路。在接下来的六七年里，我们会在这方面采取更多行动，这是我们的承诺。”

从大公司那里学习

学习过程是双向的。当高乐氏的生态团队正在为零排放的目标而努力时，他们制定了一项新的标准，规定公司应至少循环利用90%的垃圾和废弃物。伯特小蜜蜂在得知了高乐氏的新标准后，他们决定在自家工厂采取更严格的环保标准。

这种互相交流、互相学习、互相优化，最终形成良性循环的模式值得所有被大公司收购的社会企业去借鉴。

伯特小蜜蜂在其他方面也从高乐氏的收购中获益。公司管理层采取新的措施，利用新的资源来确保公司不偏离原来的使命。在合并后，伯特小蜜蜂被给予了很高的自主权。伯特小蜜蜂知道他们能从高乐氏那里学到很多，但他们也明白不能简单地复制粘贴大公司的经验。于是伯特团队创造了一项叫作“采用、适应、发明”的框架，用以评估公司需要做出哪些改变。框架包括以下内容：

- 采用——那些完全符合公司现状的措施可以直接从高乐氏处采用。伯特小蜜蜂可以直接采用很多高乐氏的供应链管理办法。同时，伯特也可以从高乐氏的规模效应和采购、生产体系受益。

- 适应——那些有益于公司，但需要根据公司实际情况进行挑战的措施。高乐氏在制定一些措施时有着特定目标，但这些措施与伯特小蜜蜂的情况不符。于是管理团队需要对这些措施进行优化，确保符合公司实际情况。许多高乐氏的营销手段在被改进后被伯特采用。

- 发明——对那些现存但对于伯特现状完全无用的措施，伯特会开发自己的应对方案。

变得更具创新性

伯特小蜜蜂有一个目标，到2020年，要将产品中纯天然原料的比例提升到99%。高乐氏发明了一种创新性的评估工具，可以量化评估生产和包装过程中各种原材料的可持续性，在帮助伯特实现这个目标上帮了大忙。

高乐氏开发了一个名为“可持续性第一”的程序。这个程序能够为各种产品的可持续性进行评分。它为高乐氏和伯特的产品开发团队提供了各种产品材料、原料和包装对于环境影响的硬数据，并将开发团队的选择按同一基准进行比较。

伯特同时也从高乐氏的研发能力和管理经验中受益匪浅。伯特小蜜蜂的研发团队利用高乐氏提供的技术进行了一些不可思议的尝试。例如他们利用一项生产隐谷牌沙拉酱的技术来制造更好的身体乳。天然原料制成的乳液通常非常稀薄，这大大限制了它们的保湿能力。伯特的研发团队利用制造沙拉酱的技术，成功发明了一种保湿效果长达 24 小时的面霜。

专注研发，同时能够共享高乐氏的技术储备，这让伯特的产品的天然化程度不断提高。伯特的可持续业务与创新总监宝拉·亚历山大说，“在过去的 5 年里，我们产品的纯天然化程度不断提高。从 2009 年到 2012 年，产品的纯天然化比例从 97%提升到了 99%。现在，我们有接近 60%的产品实现了百分百纯天然。我们的产品包装也在不断提升可持续程度。同时，我们也不断给自己制定更高的目标。”

通常，当市场上发生诸如高露洁收购缅因汤姆、联合利华收购本杰瑞或高乐氏收购伯特小蜜蜂之类的事件时，人们的反应趋向负面。有先例表明有些社会企业在被收购后，它们原先的社会和环保目标被收购方弱化甚至完全放弃。但在伯特的收购案里，高乐氏知道消费者们想要的是可持续的纯天然产品。

这个决定并不仅仅是为了公益目的，也是为了盈利考虑。这对高乐氏是一个很容易做出的决定。就如莫里西说的那样，“我们对于让伯特的产品变得更加天然持全力支持态度。因为那是它们的标志，是它们的奋斗目标，也是它们取得成功的原因。”高乐氏的收购非常成功。在被高乐氏收购后，除了 2009 年，伯特小蜜蜂每年都取得两位数的增长。

坚持在熟悉的领域发展

业绩增长的压力让很多创业者做出另一个冒险的决定：进入其他行业。即使是两个看起来很相似的市场，也会给跨界者带来沉重的打击。对于美方洁的团队而言，他们试图进入一项新的清洁用品市场的行动被证明是一个昂贵的错误。开拓业务区域是一项非常复杂的工作。不同地区的人群有着不同的性格和偏好。理解当地人的文化特点至关重要。捐赠者之选在发展过程中学到了要在自己了解的领域内扎根。

在创立之初的几年里，捐赠者之选网站主要依靠人力传播，通常是通过人们口口相传。老师们会在网站上上传他们的教学计划，然后鼓动家人、朋友和父母去资助这些计划。但当网站开始引起媒体的注意时，发展的速度加快了。

查尔斯打给媒体的自荐电话比打给基金会的还多。“第一个没有直接挂断我电话的记者是乔纳森·奥特(Jonathan Alter)，他当时是《纽约周刊》的高级编辑。”查尔斯说道，“他是个好心人，愿意和我谈论我的网站。”奥特随后在《纽约周刊》的网站上发表了一篇文章，文中写道，查尔斯正在布朗克斯的教室里所做的尝试有朝一日会改变整个慈善事业。

《纽约周刊》是第一家真正报道捐赠者之选的媒体。随后，查尔斯坚持不懈的电话拜访获得了成果。《纽约时报》刊登了一篇关于捐赠者之选的文章。越来越多的人开始得知他的在线慈善网站，网站捐款数额逐渐上升。

不久之后，乔纳森·奥特在《纽约周刊》的印刷版上发表了另一篇关于捐赠者之选的短文。一位奥普拉脱口秀的制作人看到了这篇文章。她随后电话采访了查尔斯，和他谈论了他的慈善网站。两个月后，一辆豪华轿车出现在查尔斯工作的学校外，将他接到了奥普拉脱口秀的拍摄现场。

查尔斯并没有在后台等待很久。他回忆道，“工作人员很快将你请到了拍摄现场，之间并没有很长时间的等待或准备工作。奥普拉为我们做了一件大好事，她的脱口秀在播出的同时展示了我们的网址。通常情况下，如果奥普拉要推介一个网站，她会先让观众们登陆脱口秀的官方网站，然后通过节目官网找到网站链接。她为我开了先例，让观众们直接可以前往捐赠者之选。她随后在休息室里告诉我，她之所以愿意为我破例，因为我是一名教师。”

过了一两个月，这期节目播出了。查尔斯最美丽的梦想和最害怕的噩梦同时发生了。当奥普拉提到了查尔斯的网站后，海量的奥普拉支持者涌入了捐赠者之选。然后网站崩溃了。查尔斯回忆道，“我们只能看到一个崩溃的页面，这太让人痛苦了。我们花了好几个小时来让网站恢复正常。我们知道有很多人想要为我们捐款，却最终只看到一个崩溃的网站。”那天在排除故障后，网站一共收到了 20 万美元捐款。

随着募资平台逐渐取得成功，有一些来自教育领域的人士也试图通过捐赠者之选来募集捐款。第一个接触捐赠者之选的组织是纽约市警察局。他们的方案很简单。就像老师们会在网站上上传自己的教学项目，纽约市的警官们也希望能够在网站上上传自己的项目方案。合作计划由一些关注社区事务和年轻人群的警察们发起。这些警察处在工作第一线，知道底层人群的需求。就像查尔斯在学校的同事们一样，他们对于改进目前的工作也有很多很好的设想和项目，但缺少推进这些项目的预算。

查尔斯在他大学的第二年通过了警察资格考试。当时摆在他面前的职业选择有两个：教师或警察。“为警方项目服务符合查尔斯的个人理想。”除了查尔斯的个人兴趣，这次拓展也符合他们最初的愿景：为纽约市所有的一线工作者提供募捐服务，包括社会工作者、教师和警察。

他们把募捐项目的范围扩展到了纽约警察局，然后着手准备实施这个项目。但一直负责推进项目的警察局副局长被 FBI 指控在另一个慈善基金会项目中侵占善款。

查尔斯回忆道，“我们都意识到我们当时避过了一场严重的危机。或许我们应该坚持深耕原来的领域，专注于服务美国的公立学校教师们。直到今天，我们也没有向别的行业扩张的计划。”

在放弃了向别的领域扩张后，捐赠者之选决定在地理上扩展自己的服务范围。从布朗克斯开始，然后是整个纽约市，再逐渐走向全国。在奥普拉脱口秀播出之后，他们收到了很多咨询电话，询问他们是否有意在其他地区开展服务。其中最坚持、最热情，同时也是最慷慨的咨询者来自北卡罗来纳。于是北卡罗来纳州成为捐赠者之选走向全美的第一站。慷慨的慈善家们希望这个平台能够来到当地，捐赠者之选则追随资金的步伐，先后在芝加哥、洛杉矶和旧金山湾区设立了办公室。

差不多同一时间，亚马逊正在进行非营利组织创新奖的评选。亚马逊希望通过这次评选，能够找出美国最具创造力的非营利组织。亚马逊的专家评委们选择了 10 个进入决赛的组织。然后大众投票选出他们心中最具创新力的公益组织。最后的对决在美国教育行动和捐赠者之选间展开。查尔斯回忆道，“我们当时简直不敢相信，我们作为一个默默无闻的慈善组织，居然可以和美国教育行动在投票中进行直接比拼。我们认真地进行了拉票行动，最后幸运地取得了胜利。获奖之后，我们还获得了一大笔现金奖励。”

在他们赢得大笔奖金的同时，飓风袭击了新奥尔良。他们手中正好有一笔适用范围不限的资金。在飓风卡特里娜和丽塔发生后，他们看到了新的需求。第一次，捐赠者之选没有追随资金来源，他们战略性地同时向受飓风影响的几个沿海州的公立学校开放了平台。这些州包括得克萨斯州、密西西比州、路易斯安那州和亚拉巴马州。这是捐赠者之选第一次大规模扩张。

捐赠者之选在获得了一大笔资金支持后，最终成功地将平台推向全国，达到今天的规模。“很多人看到捐赠者之选时会说想：‘噢，捐赠者之选的模式可以用于其他行业和地区。例如美国的其他行业或是印度的公立学校。’当然 Kickstarter 取得的惊人成功让越来越多的人开始幻想‘我如何才能将微捐赠、众筹和基于项目捐赠引入我的行当和地区’，每周我都会收到很多咨询。”查尔斯说道。但他们还是专注于协助美国的教育体系，并无意向外发展。这是件好事，我们光在美国就还有很长的路要走。

新地区的挑战

在不同地区复制社会企业的模式，同时保持原有质量是一项艰巨的任务。全国各地的社会问题大多相似，但各地截然不同的文化会使一些在其他地区被证明卓有成效的模式被移植到当地后，陷入挣扎境地，最终导致令人沮丧的结果。

在新的团队成立后，创立者和原来团队往往会由于忙于组织事务而疏于向新团队灌输原来的组织文化和基因。在新的地区，原来的创始人团队往往缺少人脉关系，对当地文化也缺乏了解，而这些对于获得当地社区的理解与支持至关重要。此外，很多组织在选择新的扩张地点时往往过于随意。这会造成组织使命与当地社区的实际需求脱节。这就是BUILD的创立者，苏珊娜·麦肯尼·克拉赫(Suzanne Mckechnie Klahr)得到的教训。当你第一次涉足新的地区时，你要做好周密的计划，并且取得当地社区的支持。

苏珊娜曾在加州旧金山湾区的东帕拉奥多工作。在那里，她协助当地的小企业主解决法律事务。她深入接触到了当地错综复杂的社会问题，并萌发了建立 BUILD 的想法。苏珊娜很早就决心要为改善贫困人群的处境而努力，之前对相关事务也有接触。但直到经过在东帕拉奥多的经历，她才真正了解到她的父母在她的成长过程中提供了多少激励与生活技能，以及贫困地区的儿童们是多么迫切地需要这些。

苏珊娜的父亲是一个移民。他在纽约白手起家，最后成为一名成功的商人。她的母亲是纽约哈莱姆区一所公立学校的教师。在 20 世纪 80 年代，可卡因和艾滋病席卷了当地社区。苏珊娜从她的母亲那里知道了感染艾滋病毒后的灾难性后果。早年的经历让苏珊娜同时接触到了两种完全不同的世界：商业和公益，两者之间的矛盾决定了她的人生道路。

苏珊娜决定学习法律。在 20 世纪 90 年代，她考取了斯坦福法学院。那时正是网络公司繁荣的年代，硅谷正经历着一段最令人兴奋的时光。年轻的企业家们因为一些奇思妙想就能从风投那里获得上百万美元的投资。他们中有些人甚至还没有毕业。很多创业者在短短几年里就成为百万富翁。创业企业对律师的需求也非常旺盛。

苏珊娜陷入了两难境地，她既想好好学习公司法，在私有领域建立人脉关系，但她又想利用自己的专业技能和人际关系来促进社会公正。她成为世达国际律师事务所的夏季实习生。她认为无论她将来决定在哪个领域发展，这段经历都会提供帮助。在实习期间，她得知世达有一个要求在贫困地区至多进行两年公益工作的职位。她申请获得了这个职位，并开始了在东帕拉奥多的工作。东帕拉奥多与斯坦福大学的所在地帕拉奥多仅一步之遥，但与美丽繁荣的帕拉奥多不同，那是一个完全不同的世界。东帕拉奥多是美国的谋杀和毒品之都。苏珊娜的工作是向当地的小企业主提供法律咨询。她发现自己能为他们做得很少，并感到很沮丧。当地的企业主往往既没有做生意需要的人脉，也没有相关的商业技能和教育背景。苏珊娜发现如果只是简单地帮助当地小企业主获得资金并解决法律问题，并不足以让他们在以后的日子里独立开展业务。她发现贫困从一开始就将当地人的生活带入恶性循环。贫困的生活限制了当地人的眼界和想象力，错失各种机会，进而让他们忽视教育的作用。在当地，有 70%的学生都从高中辍学。

一天，有 4 名拉丁裔男生来找她寻求帮助。他们想离开学校，开一家小公司。她同意提供帮助，作为交换，这些男孩需要留在学校并且提高自己的成绩。在她的指导下，四个男孩都成功地从高中毕业并被大学录取。这次经验促使苏珊娜创立了 BUILD。她意识到她可以通过提供商业技能来鼓励学生们接受足够的教育，进而打破贫困带来的死循环。BUILD 为来自贫困地区的高中生提供了一份为期 4 年的培训计划。项目将教授高中生企业家精神，帮助他们寻找工作。同时，项目也培训高中生们必要的生活技能，鼓励他们为申请大学做准备。

苏珊娜强调孩子们要相信自己的能力，努力培养那些能成为将来成功关键因素的技能和能力，例如勇气与韧劲。与很多青年企业家项目不同，BUILD 没有让青年们独立创立各自的企业，而是让他们以团队形式开展工作。在团队中，青年们能获得应对同样问题的朋友们的帮助，也能让他们在解决问题时学会团队协作和解决矛盾。

在推广 BUILD 的过程中，苏珊娜不久意识到，与其将 BUILD 作为一项课后项目，不如将 BUILD 引入学校的日常教学中去。这样能让 BUILD 项目更加有效。她发现课后项目对那些有着坚定目标的学生效果很好。但对于更多漠不关心、浑浑噩噩的学生而言，要让他们加入课后项目非常困难。要获得学校主管部门和老师的同意不是件容易的事，但她还是取得了部分成功。这得益于她对当地社区的了解。年复一年，BUILD 在东帕拉奥多的影响力逐渐增加。然后 BUILD 开始向湾区的临近社区发展。

你的名声可以帮助你，但你需要社区支持

在扩张过程中，BUILD 首先来到海湾另一头的奥克兰。整个过程很顺利，因为当地早就注意到了 BUILD 之前取得的成功。但第二步，当 BUILD 要向东海岸地区扩张时遇到了许多困难，BUILD 在东海岸的扩张计划一度濒于失败。苏珊娜回忆道，“我知道我想把 BUILD 发展到东海岸去，但我对如何发展并没有太多经验。”

苏珊娜决定在华盛顿特区推广 BUILD 课程的原因是，有一名 BUILD 的早期员工表达了希望在当地发展 BUILD 的兴趣。她离开 BUILD 进行研究生课程的学习，并随后搬到了华盛顿。

她和苏珊娜都认为她们可以很轻松地将湾区获得成功的模式移植到华盛顿。苏珊娜在回顾那段经历时强调，“简单地空降几个人去服务一个社区是不可能取得成效的。我们需要先了解当地社区的需求，让当地人加入进来。”华盛顿特区的办公室努力获得当地人士的支持，学校董事会、教师们、当地商业领袖、政治领袖。为了争取支持，他们花费了足足两年时间，最后项目终于被学校接受。

当 BUILD 进入波士顿的机会出现时，苏珊娜知道他们需要仔细策划。她决定首先与学校建立合作伙伴关系，并提前进行宣传和募捐活动。BUILD 向学校发出征求意见书，邀请学校来竞争获得主办 BUILD 课程

的机会。学校的回应非常热烈，有 17 所学校来邀请 BUILD 进入课堂，最终苏珊娜决定从 4 所学校开始，这是一开始预计数目的两倍。

苏珊娜也为 BUILD 项目在当地挑选了一个主管，阿耶勒·沙库尔(Ayele Shakur)。他是波士顿人，在当地有很强的人脉关系。这些大大提升了 BUILD 在当地开展募捐活动的专业性和信任度。通过这些准备工作，发展当地牵头人，与学校前期合作，提前进行集资以确保项目开展所需的基础保障，BUILD 在波士顿的项目有一个很好的开始。

关键信息

成长不是一件简单的事。在成长过程中有很多错误等着我们，这是可以预料的。即使是最成功的企业家也会告诉你在他的创业历程中经历过许多挫折。最大的不同在于如何应对挑战。除了创业者本人必须保持坚韧不拔，并准备好适时做出改变外，他们也必须学会从当地社区汲取力量。社会企业在争取社区支持上有着天然的优势，他们可以强调自己的使命和愿景。但这不是说人们会无理由地相信你。你必须时刻警惕你的企业是否始终保持初心，避免让你周围的社区失望。无论是企业内部的人群，还是企业外部的支持者，抑或是最重要的目标客户和市场。

创业者在做出扩张决策时必须经过深思熟虑。始终忠于你的使命和愿景，牢记帮你取得最初成功的经验在这一过程中很重要。你必须仔细考虑你的新产品和新服务与你的使命是否一致，你的经验能否确保你的新产品取得成功。

最后，你在实施品牌扩张或进入新地区前，无论扩张行动看起来是如何稳妥，你都必须进行大量的实地走访、市场调研和其他准备工作。

要实现智慧增长，有三个关键点。

1. 牢记使命

就像许多青少年对他们的父母一无所知，成长中的企业也会遗忘它们的使命。把组织价值观和使命宣言写下来看起来有些肤浅，但这些却能成为防止企业偏离原有使命的防护栏。此外，你还必须确保你的员工们理解你的目标，以及这些目标对你的重要性。

关键问题：哪些价值观会给我的组织带来增长，这些价值观如何能让我与持有相同价值观的社区建立联系？

2. 规范流程

要想在组织内部培养契合组织价值观和使命的企业文化，你需要建立合理的流程来维持这种文化。但没人希望他们的公司陷于无止境的报告和文书工作。你必须建立合理的流程，在确保员工专注力和生产力的同时，让你的公司内部保持灵活性，专注使命，保持初心。

5—15 周报是一个很好的方法。但每个创业者都需要考虑自己企业的实际情况，创造合理的流程。

关键问题：我该采取哪些措施，来确保我和我的员工们始终忠于企业的使命和价值观？

3. 有计划的发展

增长并不总是相同的。它们分愚蠢增长和智慧增长。智慧增长经过审慎的战略规划。创业者在看到机会出现时不能急于接受。事先确立好目标，是你在判断出现的机会是否值得你冒险或你是否应该放弃时最好的标杆。

关键问题：我在考虑的新行动是否有意义，是否经过了细心准备，又或者它只是一次为增长而增长的行动？

第七章　诚实评估

优秀的社会创新者会想要时刻了解他们是否正向着目标取得进步。如果他们没有精确数据，他们可能将自己的组织带入歧路，也可能因此无法继续获得资金支持。诚实地评估企业影响，最好利用硬数据，既是证明组织是否正遵循着自己的价值观，也是指导创业者决策项目和产品存续的重要工具。

将评估融入使用过程

设计革命对于用户使用偏好的重视远超过设计过程本身。一旦它们的产品到达客户手中，它们希望知道用户的使用情况，以及这些产品给用户带来的影响。

设计革命每年的预算都不到一百万美元。这些资金需要支持公司正在运营的三个项目，外加产品研发和效用评估。因此，它们必须利用非常有限的预算来完成产品的效用评估工作。在这个过程中，效率就是一切。它们如何才能通过最简洁、有效的方式，来获得与产品效用最直接、最精确的信息呢？

早在设计阶段，它们就确定了每个项目的目标，并制定了各项标准来衡量产品的有效性。例如，对于婴儿抗黄疸仪器光辉，它们的衡量标准有接受光辉治疗的婴儿数量，没有光辉则无法接受治疗的婴儿数量，以及最终通过光辉降低的婴儿死亡和致残数量。

对于它们的另一款产品移动膝盖，它们的衡量标准是适合使用移动膝盖的残疾人数、6个月后仍在使用移动膝盖的残疾人数。评估团队正试图在评价体系中引入一个新的标准，用以量化计算移动膝盖用户在安装移动膝盖后的收入增长情况。

设计革命在它们的产品中设置了数据搜集功能。例如光辉能够记录每台仪器的全部使用时间。数据最后被传送回设计革命的办公室。由于他们知道每次治疗的平均时间，他们可以借此计算出被治疗的婴儿的准确数量。然后再根据不同医院的实际状况，他们可以判断如果没有光辉，婴儿会不会得到有效治疗。他们利用这些数据，在参考了相关医学文献后，计算出最终降低的死亡数和致残数。

设计革命以产品带来的社会效用，而不是简单的销售数量来判断项目的成功与否。许多组织在评估产品效用时只是简单地将销售数量乘以预估的使用人数。克里斯塔·唐纳森说，"我们最想知道的是我们的产品是否实现了预定的目标，给社会带来足够的正面效应。我在很多医院里看到，未拆封的医疗仪器被丢在角落里，因为没人知道如何使用它们。或者因为仪器的额定电压与当地的不同。然后我也看到有些仪器因为电压不同，刚刚插上电，使用了10来分钟就因为短路而自燃。我们要确保我们的产品被正确而有效地使用。这就是我们要评估产品效用的原因。我们要知道我们是不是真的做得很好。"

在产品中设置评估功能让你能够掌握卖出的产品是否正被使用，以及是否被正确地使用。例如，设计革命可以掌握每台光辉仪器在使用医院或诊所的具体位置。一些仪器在医院的新生儿护理室使用，在那里，婴儿恒温箱是必须的。但其他时候，仪器在医院病房里被使用。在那里，由于婴儿母亲也在病房，恒温功能不再是必需的。设计革命的评估团队利用这些信息来决策是否需要开发一款简化版本的光辉仪器，以专供在病房中使用。

环保设计

在公司社会责任优先的原则下，耐克将自己的环境团队直接编入服装和鞋类生产团队，以此评估产品对于环境的影响。

长期以来，设计师设计一款产品，然后发送给开发者。开发者制订生产计划，然后发送给工厂。工厂将量产这件产品。最后，在产品被发往各个实体店之前，环境团队将对产品进行评估。在这个流程中，所谓的可持续性只是一个马后炮而已。环保评估在整个生产流程中太过滞后，以至于根本起不到实际作用。这就像盯着后视镜开车。这种环保评估除了惹设计师、开发者和生产商不快外，没有任何好处。

汉娜·琼斯注意到了这个问题。她知道如果不改变这种流程，可持续性将永远是一句空话。即使一个盒子经过检查，但对于终端产品几乎没有影响。于是她召集了负责设计的高级副总裁约翰·霍克(John Hock)和设计出身的CEO马克·帕克(Mark Parker)，告诉他们现在的环评程序几乎不起作用的情形和原因，并说道"我们现在必须做出改变。"霍克和帕克都同意了。

当耐克在公司内部发起环保设计运动时，马克·帕克向全体员工说道，"如果我们做的仅仅是创造一条绿色产品生产线的话，那么我们就失败了。环保将是公司的潮流，可持续性将是整个社会的潮流。"对耐克来说，它们的产品需要良好表现，仅此而已。或者说它与环保毫不沾边。汉娜说道，"消费者们喜欢伟大的产品。我的工作就是为消费者提供伟大且同时具有可持续性的产品。"

她继续说道，"当运动员穿着耐克的飞织(Flyknit)系列产品，在奥运会上赢得金牌。他能获胜因为他穿的是一生中穿过的最轻、最合脚的鞋子。然后提到'哦，顺便说一下，我的鞋子的浪费比原来降低了70%。'对我来说，我并不关心我的消费者对可持续性的看法，因为我关心的是我的运动员。我关心的是产品表现，可持续性是我作为一个大品牌，对你做出的增强表现的承诺的一部分。耐克的可持续经营与创新团队不愿意在实现可持续的目标时，牺牲产品的表现。”

于是汉娜做出了一些改变。首先，她招募了一个新的团队领导。新的团队领导既不是环保学家也不是材料学家，他是一个工业设计师。他知道整个设计过程是如何实现的。汉娜给了他一个艰巨的任务，“我们现在就要做一些对设计师有用的事情，这样在产品的设计和开发阶段，环保问题就可以得到解决。改变他们使用的材料，让他们试着转变设计思路。”当产品原型被运往工厂时，可持续的理念和设计已经得到了充分考虑和运用。

为了能让这个改变尽快落实，环境团队的工作位置需要从供应链的末端转到设计阶段。于是整个队伍被重新合并，然后安排坐在设计团队的前面。他们要求设计团队要像设计师那样思考，而不是轻易做出妥协。

在转到新的工位后，设计和可持续团队开始合作进行设计工作。很显然，要确保产品的可持续性，设计师们需要有一种简单明了的方式来了解不同材料的可持续性。

他们开始利用耐克的数据库研究所有的材料。耐克是一家大型公司，在全球各地使用上千种材料制造产品。对每种材料都进行使用周期分析是一项大工程。环境团队用了整整 7 年时间，分析整理了所有的材料。每种材料都有一个总体的环境评分。这将帮助设计师决定材料取舍。一个较低的环境评分说明这种材料的可持续性较差，较高的环境评分则说明材料的可持续程度较高。

设计师利用这个工具来决定材料。例如，一个设计师想要在设计中使用棉布，他们有很多种不同种类的棉布可以选择。利用这个工具他们可以轻松找出更好的棉布种类，有毒物质含量更低的材料要优于有毒物质含量高的材料；耗水较少的材料要优于耗水较多的材料。如果设计师想要使用尼龙等评分较低的材料时，他们会被要求调整设计以提高材料使用效率。

“问题的关键是，”汉娜说道，“你给设计师们提供了一种实时解决问题的方法，这样你才能在公司顺利推广。同时你也在公司内部开启了一些竞争，因为每个设计师都想创新性地发明一些更具有可持续性的设计。"

设计工作中的一切经验与教训都会被归档到公司数据库。后来的设计师们都可以从不断增加的设计过程和材料创新中学习。这个数据库某种意义上成了耐克内部的维基百科——一部关于可持续设计创新的活文档。

公开创新

如果你走进一家亚洲的鞋类代工厂，你会发现一些生产线生产着耐克产品，一些生产线生产着彪马产品，其他一些则生产着阿迪达斯的产品。这些工厂每年为所有的大运动品牌代工成千上万双运动鞋。它们进行的是一项巨大的工程。

于是，每当一个品牌做出一项环保创新时，只会影响一小部分生产线，就像沙漠中的绿洲一样。此外，那个创新的品牌还要承担领跑的代价，为创新行动付出额外成本，进而在竞争中处于劣势。显然耐克并不只希望内部变革，要让内部创新变得更有效，他们需要推动整个行业变化。

在2006年，耐克进行了第一项重大行动。他们向全世界公布了代工厂的位置，以此促进社会公众监督代工厂的工作环境。在此之前，所有的业内厂商都将他们代工厂的具体位置视为商业机密。

汉娜和采购部主管做出了公布代工厂的决定。她说，"如果我们公布代工厂位置的行动能够得到合作和响应，进而共同促进监督和改善代工厂工人的生活标准，那这样会增加整个行业对于劳工福利的决定力。"这场讨论最后被送往董事会进行表决。在会上董事们列举了公布代工厂位置的好处与坏处，对此进行了详细讨论。在这之前还没有哪一家公司这么做过。但是最终，董事会同意了汉娜的请求。他们认为如果这样做真的能够改善工人们的工作环境的话，那这就是正确的决定。"于是我们带着董事会决议走出会场，"汉娜说道，"然后公布了工厂地址。"

这次公布引起了一场工会运动。工会领袖们纷纷对耐克的行为表示支持,并敦促其他品牌厂商也做相同的事。想象一下,同一个组织在几年前还不断发起针对耐克的抗议活动,现在却主动发起支持耐克的运动。

今天,很多服装行业的品牌都公布了他们的供应商位置,并与公平劳工协会进行更紧密有效的合作。现在他们知道这些工厂的具体位置,他们可以更有效地对这些工厂的工作环境进行检查。而不是像原来那样,花上 6 个月监督一家土耳其工厂,却对孟加拉国的工厂置之不理。现在有了公开信息,监督也变得更有效。

此外,公布工厂的行动丝毫没有影响耐克的竞争力。原来的担忧没有变成现实。对于可持续性而言,这是一场胜利,因为后续引起了整个行业的变化,同时没有对公司业务造成哪怕一丁点负面影响。

"这对我们既是一个支点也是一项宝贵经验,"汉娜说道,"有些时候你必须冒险。你必须做那些违反常规的事情。尽可能地保持公开透明。但当这些事被完全执行时,它会给整个系统带来实质性的变化。"

这次经验开启了耐克将内部创新公开化,进而推动行业变化的开始。在耐克的可持续经营与创新团队内部,有些人的职责是负责下一个可能引发行业变革的创新点。什么时候耐克应该将创新限于公司内部,什么时候适合跨过围墙,将创新公开?汉娜说道,"我们有着非常清晰的原则,首先我们审视自己的工作,判断这些工作是处于竞争前期还是完全竞争时期。对于处于完全竞争时期的创新,我们会将它们妥善保密。对于处于竞争前期的一切,我们把我们的创新公之于众,争取改变整个系统,形成新的规范,淘汰落后的做法。"

耐克的环保设计是竞争前期创新的范例。他们没有分享那些新研发的纤维或编织技术,这些是处于竞争领域的。但耐克公开了它们研发的有助于设计师选择可持续材料的工具。

耐克花费了 7 年时间整理开发了材料数据库。这个数据库价值上百万美元。耐克将它扔到了墙的另一边。他们将数据库向公众开放,每个人都可以使用这个数据库。

耐克创造了材料领域的维基百科。事实上,耐克的材料维基的开发者正是维基百科代码的编写者。汉娜说道,“他和我们一起工作了 1 年。各方的智慧汇聚在一起。他成功地将内部的数据库重写为一个能让所有人登录的新维基。像维基百科这样的形式正是这个项目的最佳选择。因为材料科学是一门不断发展的学科,每天都有新的材料被发明。”

耐克将材料维基委托给可持续能源联合会运营,这是一个受信任的中立机构。耐克希望以此鼓励业内的公司来使用数据库。现在这项原本发源于耐克内部的创新行动已经让所有人能够去更新各种材料的可持续程度。

尽管所有的材料信息已经通过材料维基向全世界开放,但它的可操作性不高,要想用好它还需要经过一些训练。汉娜意识到这些信息需要被简化、打包后放到一个更加方便用户的平台。汉娜说,“我们有所有的数据库,但我们如何才能让它们变得更简单?如何让这些数据变得更加直观?我如何能让全世界的设计师们都爱使用我们的数据?”

于是他们带着材料维基来到伦敦艺术大学时装学院,举办了一场编程大赛。他们召集了一群程序员,要求他们将材料维基的数据转换成一些更方便实用的数据。大赛的结果最后形成了一款新应用:材料百科的基本理念。

“材料百科”将整个数据库放到设计师的包里,能让设计师们查阅他们的设计选择如何影响服装的可持续性。这款应用有着高度直观简洁的使用界面。应用假定你是一名设计师,出现在任何地点。你可能是一个独立设计师,也可能在一个重要的时尚工作室工作。你在设计时随时可以做出明智的选择,因为你可以通过安装在手机里的这款直观的应用迅速找到你需要的信息。“材料百科”使用开放平台。耐克鼓励人们对应用进行各种修改,使用各种方式来展示数据。汉娜说材料百科的妙处在于,“你能够让处于潮流中的设计师们在接触他们工作台和电脑的刹那,让他们成为可持续潮流的推动者。”

这款应用在上线 2 周后就实现了预期的下载量。但汉娜很快指出,“我们对于下载量并不看重,因为那不是材料百科的目的所在。我们的目标是让设计师们都使用这款应用。”

耐克现在正和6所欧洲的时装学院和几家美国学校合作，希望能够将材料百科的使用作为课程的一部分。耐克希望借此在下一代设计师中埋下可持续设计的种子。

对耐克来说，选择合适的材料很重要。因为原材料的使用构成了它们60%的环境足迹。对于庞大的材料供应商而言，光耐克一个客户并不足以在供应商行业造成重大变化，因为他们还有很多其他客户。

“我们一直相信如果你能够改变世界上的材料，那么你就能够改变整个世界，”汉娜说道，“所以每当你想到，如果我们没有为更好的将来创造一幅路线图并引领整个行业和我们在一起，那么当我们需要的时候，我们不可能得到想要的变化。”

汉娜对于通过环境评估改变行业有着迫切需求。她不满足于仅仅谈论如何影响系统变化。按照典型的耐克风格，她说你需要“放胆做”。

衡量你的环境足迹

为了能够评估公司的环保表现，美方洁专注于他们的废弃物、水源和材料使用。亚当说道，“我们使用一系列指标，例如碳排放，有许多现成的指标可以使用。例如全球报告倡议组织和碳排放披露项目。”他们也仔细计算公司的能源消耗情况和采购原料的能源消耗。此外，他们计算了100%废弃物，跟踪这些废弃物是被循环利用还是进入垃圾填埋场。他们也计算废水处理，并且重复利用几乎100%的生产用水。

他们做的不止于此。他们也衡量自己的社会公益表现。美方洁决定申请共益企业认证，并采用了认证需要的社会和环境指标。通过浏览公司官网，所有人都可以看到他们完整的社会和环境报告。这实质上就是一份实时且完全透明的在线可持续性报告。

学会爱上数据挖掘

捐赠者之选的团队是一群数据疯子。他们是那种会为了日常邮件中的数据和参数而痴狂的人。他们日复一日、月复一月、年复一年地通过数据比较表现和影响。这就像是一个用数据科学家当员工的组织。你见过其他营利组织里有数据科学家参与工作吗？我也没见过。

每天数据科学家会向组织成员们发送一份数据表格。在表格里列示了新捐赠者、重复捐赠者、教师自行引入捐赠者的年增长率。此外，表格中还包括了信用卡渠道捐款数量历年增长、活跃教师数量历年增长和贫困地区学校使用网站比例等数据。每天早晨，这些科学家们都会整理出这些数据。

这些数据展示了捐赠者之选是如何有效地让课堂项目得到资助，进而帮助员工专注于组织使命的。数据也提供了一份捐款资金活跃度的日报。但除了这些，查尔斯对一些高端问题更感兴趣。例如通过平台引流的捐款对于留住优秀教师的效果，以及在得到捐赠者之选的帮助后，低收入社区获得的教学资源得到何种程度的改善。

研究已经清楚地显示对于儿童阶段的学习而言，最重要的影响因素是教师的质量。查尔斯说，“我认为人们一致认为最关键的问题是，如何招募更多优秀的教师，以及如何让他们留在教师队伍里。”他希望捐赠者之选可以在挽留优秀教师方面发挥重要作用。

通过研究教师问卷获得的数据，他们那些使用网站的教师的学生们的考试分数要远高于当地平均分数。查尔斯说，“我们的网站可以自动甄选出那些最勤奋负责的老师。我们的数据证明了这一点。”他希望他的网站能够通过向教师提供他们需要的资源，让优秀教师留在学校里。他希望他的网站能够让教师们专注于创新，进而设计出更多精彩的教学项目。他希望通过他的网站，能够让教师们感到全国各地的人们都支持着教育事业。

说到如何评估被资助的项目的教育成果，捐赠者之选的数据科学家们挖掘了所有数据，并且设定所有在网站上传项目的教师都是认真负责的。在一项对比分析中，查尔斯选择了一群在捐赠者之选注册并上传了合格教学项目的教师。但他们的项目由于各种原因没有得到资助。理论上来说，这些教师与网站关系紧密。然后，他又选择了一群对照的教师。这些教师的项目通过网站得到了资助。分析的基本理念是，既然两组教师都与捐赠者之选关系紧密，也都是非常优秀的教师。他们的唯一不同点在于一组教师得到了资助而另一组没有。他的评估仍然在进行中。

评估模型并不完美，但数据总能给人启发。捐赠者之选也同时对教师进行问卷调查，询问被资助的项目对于学生的学习成绩、学习兴趣和学生们对于全国各地的人们都来关注并资助他们学习的看法。“在教师们的反馈中，最明显的变化是学生们在得知各地的人们都关心并资助他们学习时，他们变得更加积极上进了。”查尔斯说道。

极客教育

在捐赠者之选刚上线时，捐赠者浏览网站和其他电子商务网站并无不同。网站没有筛选功能，捐赠者们需要逐页寻找感兴趣的项目。查尔斯说道，“人们在进行慈善捐赠时一般不会表现出自己的特别偏好。让我们假定你喜欢做木工，同时你又是 J. D. 塞林格的书迷。我们的网站关于两者的项目都有，足以吸引你的兴趣。”在消费的时候，我们最想做的就是根据自己的偏好进行选择，无论是时尚用品、家居用品甚至是美方洁肥皂。但在我们做慈善的时候，我们很少考虑自己的偏好。大部分捐赠者也从没有被要求这么做过。查尔斯希望他能创造一个让捐赠者们可以找到并资助自己感兴趣的项目的平台，就像网飞和亚马逊都会为客户提供个性化选择那样。

于是他第一步重新设计了网站架构，将所有项目按主题分类，例如艺术与科学。但不久他想到了一个更有创意的方法。他决定向大众开放网站接口，使之成为一个所有人都可以介入并进行个性化升级的开源平台。为了鼓励极客们更有创造性地利用数据，他举办了一场竞赛，评选基于他们的平台开发出的最具创新性的应用。

就这样极客教育诞生了。

极客教育要求极客们利用自己的技术来优化捐赠者们的使用体验。

每种应用、插件和网站都向公众开放使用。克里斯决定将这个项目转变为一项竞赛，并任命了一个专家评审团来选出胜者。极客们提交的方案巧妙而富有创造力。文森特·迪巴托洛(Vincent Dibartolo)利用地理数据，设计了一款可以让慢跑者在途经一所学校时，可以自动资助这所学校项目的应用。当慢跑者每跑1英里，通过这款应用可以向家人和朋友请求一定数量的捐款来资助学校项目。凯文·马绍尔(Kevin Marshall)开发了一款基于捐赠者在推特上发表的言论的项目推荐引擎。迈克尔·纳特(Michael Nutt)是最后的获奖者。他设计了一款动态签名，可以在你发送电子邮件时，推荐你在捐赠者之选上资助的项目。这次比赛产生了良好的宣传效应。纳特被邀请参加科尔伯特的报告，并获得了通常是讽刺者的科尔伯特的真心认可，他对纳特说，“你真的很聪明。”

在有趣而成功的极客教育结束后，查尔斯认为除了应用和极客们，是时候将数据提供给严肃研究使用了。“在我们公开了我们的数据后，研究活动增加了很多，”他说，“任何人都可以使用我们的数据。他们可以进行回归分析来寻找路易斯安那州的教师们最需要的资源局，也可以通过全国的幼儿园教师提供的项目来判断目前流行的教育主题。”

捐赠者之选开放数据的目标是希望通过让大众接触全国各地教师们的需求，给美国的教育体系带来系统性的变化。学校管理层可以创造更好的教学体验，政策制定者可以根据数据优化教育体系。至少查尔斯是这么希望的。

规模越大，数据越多

尽管通常情况下，大公司在试图进行创新时会遇到许多困难与挑战，但它们同时又有一些优势。比如财务支持、物流网络以及对于合作伙伴的号召力。但大公司最大的内部优势在于内部评估文化和基于数据的决策体系。像可口可乐这样的大公司沉迷于用量化数据评价每个部门的表现。

可口可乐的首席可持续发展官毕蓓蕾在形容可口可乐的日常业务时

说道，“我们非常受数据驱动。围绕数据，我们有很多规章和制度。我们每天都要观察数据。我们观察销量、利润、营业收入。这些数据是我们报告季度收入时的基本来源。我们必须知道这些数据是如何逐日、逐周、逐月加总的，进而确保在季末有良好表现。”

许多大公司都通过严格的数据驱动决策来尽可能实现每个季度的利润最大化。但当提到社会创新时，他们似乎忘记了他们的数据驱动体系。他们所做的关于社会创新以及所有慈善相关的决策往往只是出于直觉，没有明确的数据支持、没有明确的目标，也没有合适的评价指标。

对毕蓓蕾来说，这是一件令人头疼的事。为什么当一家大公司会仅仅因为它们面对的是社会或环境目标，而不是利润目标时，就改变了一切以数据说话的行事方式呢？事实上，公益和环保项目更需要明确的目标和评价体系。因为相比利润，社会效用对公司高层而言更加抽象。毕蓓蕾说道，“在可口可乐公司，当我们提到可持续发展时，我们并没有改变数据驱动的原则。这是一个更长期的工作，但有些关键指标可以让你知道你是否在进步。”

每当毕蓓蕾与一家公司建立合作伙伴关系时，她会设立一个明确的目标。由于可口可乐的大部分项目都是以合伙的方式开展，因此诚实地评估参与各方对于项目的期望值很重要。各个参与方的目标是什么？大家合作的目标是什么？最后是正在推进的项目的目标是什么？可口可乐通过一个两步走的程序，先判断合作方各自的目标，再确定合作项目的首要目标。在每次合作的开始，可口可乐都会执行这个程序，以避免将来的误解。

对于 EKOCYCLE 项目来说，它的首要目标是促进废弃物的回收利用。为了计量项目效果，可口可乐采用了循环率这个数字。除此之外，他们对数据进行更深入的研究，计算消费者们对于循环利用的意愿。他们希望在生产者和消费者两方面都造成重大影响。于是他们设置了一系列指标和衡量工具进行持续监控，判断影响是否造成，以及需要多久造成这些影响。

与此同时，可口可乐也统计了合作对于自身品牌和威廉姆·亚当斯品牌的影响。毕蓓蕾说，“在一开始就明确目标很重要。我们要确保每个参与方都知道目标，各自在项目中的角色以及如何跟踪和评价项目效果。这样我们可以获得持续数据，进而确保取得进步。”

为了让 EKOCYCLE 项目有意义，在产品生产端必须确保真实。对于像 Beats 和李维斯之类的合作厂商，他们为项目设立了最低目标，并在随后进行审计以确保产品可持续性的真实性。这是可口可乐版本的“信任，但需要证实”。“我们阅读他们公布的可持续性报告，然后向他们提供我们所知道的最好方案，”毕蓓蕾说，“最后我们进行审计。”

改变生产程序并不是一项简单的任务，它耗资巨大。有些时候，厂商确实进行了努力，但当审计队伍步入厂房，他们就会轻易发现厂商并没有取得多大进展。在这种情况下，毕蓓蕾会向他们明确需要改进的地方，并给予一定的宽限期。但如果厂商最终无法达标，EKOCYCLE 将终止合作。

数据帮助他们了解是否正取得进展以及项目的难点所在。如果他们没有取得进步，那么毕蓓蕾会问，“我们如何改变才能取得进步，就像所有那些优秀的企业会做的那样。你的生产计划具有足够的灵活性以应对可能的调整，进而取得更好的结果。”

实时评估对可口可乐很重要，这样他们才能知道他们在实现目标的道路上走了多远。就像毕蓓蕾强调的那样，“我们始终恪守我们的承诺，我们要确信我们正按预期前进。”这种程度的评估让实施者可以随时根据实际情况做出决策。当项目遇到问题时，他们可以尽早定位问题，将项目带回正轨。

为了让 EKOCYCLE 改变人们的行为模式，可口可乐也评估了消费者的意见。除了品牌知名度，他们想要知道消费者们是否喜欢这个品牌，认为这个品牌符合他们的价值观和他们眼中的公益。这会让消费者们循环利用更多吗？他们会认为这很酷吗？他们会向别人推荐这个品牌吗？EKOCYCLE 作为一个品牌的销量怎么样？

“成功，”毕蓓蕾说，“这个品牌做到了它最初想做的事。让人们意识到循环利用，并改变了不少人的行为。他们改变了态度和行为，并且受影响的范围还在扩展。我们如何才能让合作伙伴的品牌和我们的品牌取得同样成功？在获得这些信息后，我们如何才能扩大并改进这种成功？当我们在考虑长期成功时，扩大规模也很重要。”

但目前首要的事情是，EKOCYCLE 还是一个年轻的品牌。它在向立项时设定的里程碑前进。但一旦它达到目标，“然后我们就会考虑在更广阔的市场范围内推广这个品牌。”从长期来看，EKOCYCLE 成功与否的衡量标准是，它是否改变了消费者和生产者的行为模式。

不断收集数据

衡量学生们的进展一直是 BUILD 的一项重要工作。许多变量共同作用，决定了课堂和商业上的成功。因此要评估一个项目的好坏，你的数据越多越好。

BUILD 统计了大量数据。这是一个数据驱动的组织。它们统计了人口数据、学校数据、学术表现数据、出勤率、保留率、成绩、测试前后表现、商业计划竞赛表现、申请的学校数和录取数、收到的资助。除了这些硬数据，它们也创造了一些指标，用以评估学生们的团队合作、自律和恢复力。以上列举的还只是 BUILD 收集的一部分数据。

BUILD 团队研究所有这些数据，试图找出影响最大的变量。一开始，BUILD 团队在一张 Excel 表格上记录所有数据。“你可以想象一下，在同一张表格里，你记录了所有的学生姓名。然后你要滚动 100 多次鼠标滚轮来查看他们的出勤率。表格上还有他们的登记资料、年级等几乎所有信息。”苏珊娜说道。

几年前，BUILD 开始使用一款名叫“雅典娜”的 CRM 系统。雅典娜系统基于 Salesforce 平台开发，以古希腊智慧与战争女神的名字命名。新系统能够让他们更有效地对数据进行分类，找出那些可能造成重大影响的数据。

现在，他们已经开始精简采集到的数据。“我们注意到过去采集的数据太多了，我们正在削减采集的数据量。我们要关注最重要的数据，那些能够给我们带来突破的数据。”苏珊娜说道。

利用雅典娜系统，BUILD 可以在跟踪大量数据的同时，筛选出必需的数据进行决策。“你不会希望你的人陷入数据的汪洋大海，采集、跟踪太多不重要的数据。这样他们没法做好工作。所以我们正在进行回溯检查，缩减需要处理的数据量，确保我们采集到的是最重要的数据，是那些能够给学生们带来影响和成果的数据。”苏珊娜说道。

说到数据采集，对决策影响最大的应该是数据质量而不是数量。BUILD 采用了一个表格系统，项目经理可以通过这个系统轻松找到与他们日常工作相关的重要数据。

长期来看，BUILD 正对它的学生们采取纵向研究。他们希望能知道项目对于学生人生的影响。利用智慧数据评估，他们可以评估他们的介入在多大程度上改变了一个年轻人的人生轨迹。

关键信息

当你在设计发展你的组织时，应该尽可能采集各种数据，以用来评估你的组织成效。此外，拥有数据能够支持你向主要利益相关者做出的对于社会公益和环境保护的承诺。数据测量能够让你获得反馈并持续取得更好表现。但数据分析分成有用的数据分析和无用的数据分析。你必须要全面考虑各项计量标准。下面有几种最有效的策略。

1. 测量最有效的数据

当你同时追求利润和公益时，两者的相关数据都需要被测量。对于营利性组织来说，在追求利润和公益时必须有清晰的思路和计划。有很多组织给自己披上环保或公益的外衣，成天大谈慈善，但实际上什么事情也没做。这种营利性组织应该离人们远一点。一个关键的不同点在于，利用客观数据证明你取得的成果。

这里有一些不错的方法可以使用。

● 平衡记分卡：平衡记分卡是一种战略计划和管理系统。对于平衡记分卡，我们可以将之简单定义为一系列关键的财务指标和非财务指标。这些指标包括预先和后续测量。这里的平衡并不是指各种测量数据具有相同权重，而是指对于其他非财务数据给予同样的重视。罗伯特·卡普兰（Robert Kaplan）和大卫·诺顿（David Norton）总结了目前经典平衡记分卡的四个层面：

● 学习与成长层面

● 内部经营流程层面

● 客户层面

● 财务层面

例如，对员工进行持续培训（学习与成长层面），增强公司的运营和流程（内部经营流程层面），这又会通过更准确的时间管理或更低的成本（客户层面）来提高客户满意度，最后会给组织带来更好的财务表现（财务层面）。

● 社会投资回报（SROI）：社会投资回报是一种用来衡量和管理一个组织或运动在公益、经济和环境层面取得的成果的评估工具。它基于一系列原则，在框架内执行。社会投资回报寻找那些市场之外的人的价值，并将之转化为市场价值——货币——进而给这些人在资源配置方面更大的话语权。社会投资回报分析需要结构化思考和理解。它是一个故事，而不是一个数字。这个故事将告诉你社会价值如何产生、如何管理、如何去验证。

● ESG：ESG 代表环境、社会和公司治理。这是一种目前许多大型企业都在使用的评估方式。此外，许多投资于这些大公司的证券投资经理也会使用 ESG 分析。越来越多的证据表明，将 ESG 相关因子与投资分析决策相结合，可以给投资者们带来更多的潜在长期收益。ESG 因子能够让投资经理更深入地了解公司的管理、文化、风险水平和其他特质。

● 社会责任标准 800（SA8000）：SA8000 标准 SHI 是社会责任国际

(SAI)工作的核心文件。这是世界上第一个可以审核的道德规范国际标准。它关注工业各个领域的工作环境状况。它是基于国际劳工组织、联合国和国际法,根据各行业公司行为准则制定的一套用于衡量企业社会责任的通用规范。它要求管理系统制定符合 SA8000 的公司架构和内部流程,并定期检查,确保制度得以实行。那些遵循 SA8000 的企业都会制定并推行保护劳工基本权益的政策和措施。

- 共益企业认证:共益企业认证是为可持续企业提供的一项自愿认证。这项认证确认了公司在社会公益和环境保护方面的表现。申请公司必须满足一系列社会和环境表现要求,并在公司网站后公开透明地公布它们的表现。如果公司通过评估并符合标准要求,它就会成为一家共益企业。

共益企业认证向世界证明,随着公司发展,你将认真地将社会公益作为公司业务的核心。

除了外部工具,组织也可以创造个性化的计量工具,向决策者提供正确的数据,以便他们根据数据做出决策。无论你是自己制定业绩标准,还是采用第三方的评估标准,你必须确保采用的数据的确对你的目标具有重大影响,并且能够推动你不断努力提升表现。长期持续的增长不是突然发生的。它是长期专注于那些对进步最重要的行动数据,最后基于这些数据做出明智的数据驱动型决策。这就是统计有用的数据。

关键问题:我的组织在实现公益和环保目标的道路上,最重要的指标是什么?

2. 在整个过程中保持测量

在确定了需要测量的数据和测量工具以后,问题依然存在。我们什么时候去测量?评估可能会变成一次马后炮的行为。在有限的时间和资源里,表现评估经常会被置于较低的优先级,为那些看起来更紧迫的事情让路。但要想保持沿着正轨持续进步,测量是必需的。它必须被优先考虑,而不是在流程的最后做做样子。测量必须贯穿整个流程。

当你在整个价值创造的过程中不断进行评估时,你可以跟踪实时表现，并随时进行微调。你可以避免那些由于缺乏评估造成的突发状况。通过全流程评估，你能够获得大量对于短期和长期决策有用的数据。你的数据越多，你就更了解你的公司，也就能向组织内外施加更多的影响。

关键问题：我应该在价值创造的哪个阶段开始评估组织的社会和环境表现？

3. 保持透明

为了促进系统性变革，有时你必须向社会公开你的数据，接受公众的监督，并让其他组织利用这些数据进行决策。

投资者和捐赠者很关注透明度，它也向公众证明了你对于使命所做承诺的真实性。愿意共享数据的组织越多，我们所有人就能学到越多。

关键问题：在试图推进系统性变革时，哪些数据适合我们向外界公布？

结　论

我发现冗长的结论总是惹人生厌，所以我尽量做个简短的总结。

在我和成功的社会企业创始人交流和共事的过程中，他们最经常提到的成功因素是他们抓住了契合自身能力和激情的机会。有些人通过积极探索最终发现机会，也有些人机缘巧合遇到了机会。我预计很多机会能够燃起你的斗志，有许多创新等着你去实现，你最需要做的事是去探索所有这些可能性。但你要将所有的创意进行排序，进而发现最适合你的机会——你的目标点。然后你一定要详细记录你需要解决的问题，然后根据这些问题建立一个可行且独特的模型。接着，你需要考虑利用目前正在进行的文化潮流转变，并依靠自己的力量建立组织。此外，你需要找到外部的合作者，或者寻求那些你所不具有的经验和才能注入你的组织。

尽管坊间总流传着那些关于孤独的创业者，凭借着突然发现的灵感，凭借强大的个人能力和号召力取得成功的传说，但在建立你自己的组织的过程中，你一定要保持谦虚的态度。你将要遭遇挫折。几乎没有成功的创业者会告诉你他的创业之路一帆风顺。即使是最好的创意在实现过程中也需要各种修正。当你在停滞不前或做出糟糕决策时，乐于接受建议、承认错误非常重要。在与顾客和员工的互动中保持谦逊会让你和他们建立更深的关系。同时也会让他们知道你尊重他们，关心他们的需求，认真对待他们的建议，这会强化他们与你使命的联系。

在经过聆听、建设和反复试验，将产品或服务定型后，在设计时多考虑人性化。在你的组织的发展历程中,这几步需要不断重复进行。当你第一次收到人们对产品的反馈时你需要保持谦卑,接受反馈并乐于做出修改,甚至对产品或服务做出本质改动。无论这些建议发生在融资阶段、针对产品原型的市场调查阶段,抑或是在项目开展一两年后,没有按照预期发展的时候。

时刻准备推销你的创意,永远不要低估将创意落地需要花费的精力。乐于忙碌是本书中我所采访的所有社会创新者都具有的特质。他们个个都不知疲倦。但你要注意不要让自己筋疲力尽。你需要保持你的能量和时间,确保你的生活处于一种可持续的节奏,这样才能最大化你的影响。你需要时刻准备好奔忙,但在组织建立阶段是最需要你去推销创意、构建支持网络的时候。因此在这一阶段你要特别做好准备,可能要经历一段疯狂的时光,没有丝毫的喘息之机。但随着你掌握产品需求,你可以将重心转向提升产量,关注那些日常运营中最重要的事务。另外,你要知道当你的组织发展到下一阶段时,你会需要比平时更忙碌。因此在进入下一阶段前,额外花些时间进行放松、回顾和充电。

募集资金可能是创业者种种奔忙中最花费时间,也可能是最令人沮丧的工作。向投资人卖力推销自己的项目可能得不到任何回应,撰写资助申请可能耗尽你的精力却没有结果。但永远记住在合适的时候只要有一位关键投资人愿意帮助你,一切就会大不一样。资金的来源渠道有很多。思索更多的选择,尝试更多的方法。不要在那些浅薄的投资人那里耽误太多时间。你要确保那些愿意支持你的人和你有着相同的使命感。因此最好将目光集中在那些愿意为社会做出承诺的人身上。

忙碌意味着你要从各个不同角度去努力推进项目实行。无论是电话拜访、邮件轰炸或举办活动。你需要做很多推销员做的事。但这不意味着你在推销过程中可以罔顾事实。人们能在一英里外发现疑点。对于社会企业来说,诚实比完美更重要。大胆说出你的失败和你需要改进的地方。开诚布公的态度永远值得赞赏。甚至当你在进行强行推销时,永远做你自己,保持你的初心和使命感。真诚的作用要远比你想象的大。

尽管如此，你还需要一些必要的演技。在与你的支持者和终端用户的互动中，永远不要低估这些演技给他们带来的良好体验。你要时刻准备将人们拉入你的创业故事，让你的故事变得难忘而引人注目。你可以让你的产品服务变得有趣或充满惊喜，也可以提供一些周到或个性化的客户服务，或者举办一场竞赛。利用所有的机会来强化你与利益相关人群的联系。你不必想着通过大喊大叫来吸引客户的注意，你要让他们感到高兴。

随着你的组织逐渐壮大，永远不要忘记你的创业团队和社区。特别是在高速发展中，你可能会忙于关注解决各种突发状况、处理自己繁杂的日常事务。你的团队和社区最后只能靠边站。永远与团队保持有效沟通，永远与社区紧密联系在一起。有了许多人的支持，你会为组织的持续增长准备好一个更坚固的结构。

最后，要经常评估你的商业模型的运作状况。并对你造成的影响进行诚实客观的评估。创立一家社会企业意味着我们要以更高的标准来要求自己。我们需要时刻铭记我们的标准，并对我们的践行情况保持公开透明。

我希望本书能够激励你采取行动。社会企业运动的未来取决于有更多人加入这项运动，贡献出自己的创意。我希望本书记载的故事能够激励你，为你提供一系列前进的方法和工具，给你的创意一个实践的机会。我也希望在未来的某一天我能与你相遇，聆听你自己的创业故事。

欢迎给我发送邮件，分享你的进展。邮箱地址：kyle@profit-purpose.com。

关于网站

本书包括一个拥有一系列在线资源的附属网站。这些资源可以帮助你更加容易地运用《利润与目标》一书中的原理。这些资源包括：

- 来自世界水资源基金会、伯特小蜜蜂、BUILD 等顶尖社会企业，记录了它们经验与教训的第一手视频。
- 社会创业者筹资时使用的演讲原稿。
- 操作方式表：例如如何通过众筹获得资金，无论你是一家营利机构还是非营利机构。

请登录以下网址浏览网站：

www.wiley.com/go/profitandpurpose。

（密码：wiley123）